Ponygeschichten

Erzählt von Mario Covi
Mit Bildern von Hildrun Covi

BUCH UND ZEIT
BZ

Anna und ihr Pony werden Freunde

Natürlich ist Anna ein Mädchen, auch wenn sie am liebsten in Nietenhosen und mit einem verwegenen Schlapphut herumläuft. Sie spielt mit Puppen und trägt auch gerne mal ein hübsches Kleidchen. Sie hat sogar eine Puppenküche, in der sie ihren Puppenkindern leckere Mahlzeiten kocht.
Anna hat aber auch eine ganze Sammlung von Spielzeugpferden - vom Steckenpferd bis zum Plastikpony - und eine Unmenge Spielfiguren: lauter Indianer und Cowboys, Pferdewagen und Indianerzelte, Rinder, Kühe, Stiere und wilde Büffel. Anna möchte nämlich gar zu gerne ein Cowboy sein... „Das ist kein Spiel für Mädchen!" behauptet Annas Bruder Andreas immer. Andreas geht schon zur Schule. Mit seinen Freunden veranstaltet er oft die tollsten Indianer- und Cowboyspiele. Anna darf nie mitmachen...
Annas Papa aber sagt:„Ich sehe keinen Grund, weshalb Mädchen nicht auch Cowboy spielen sollten..."

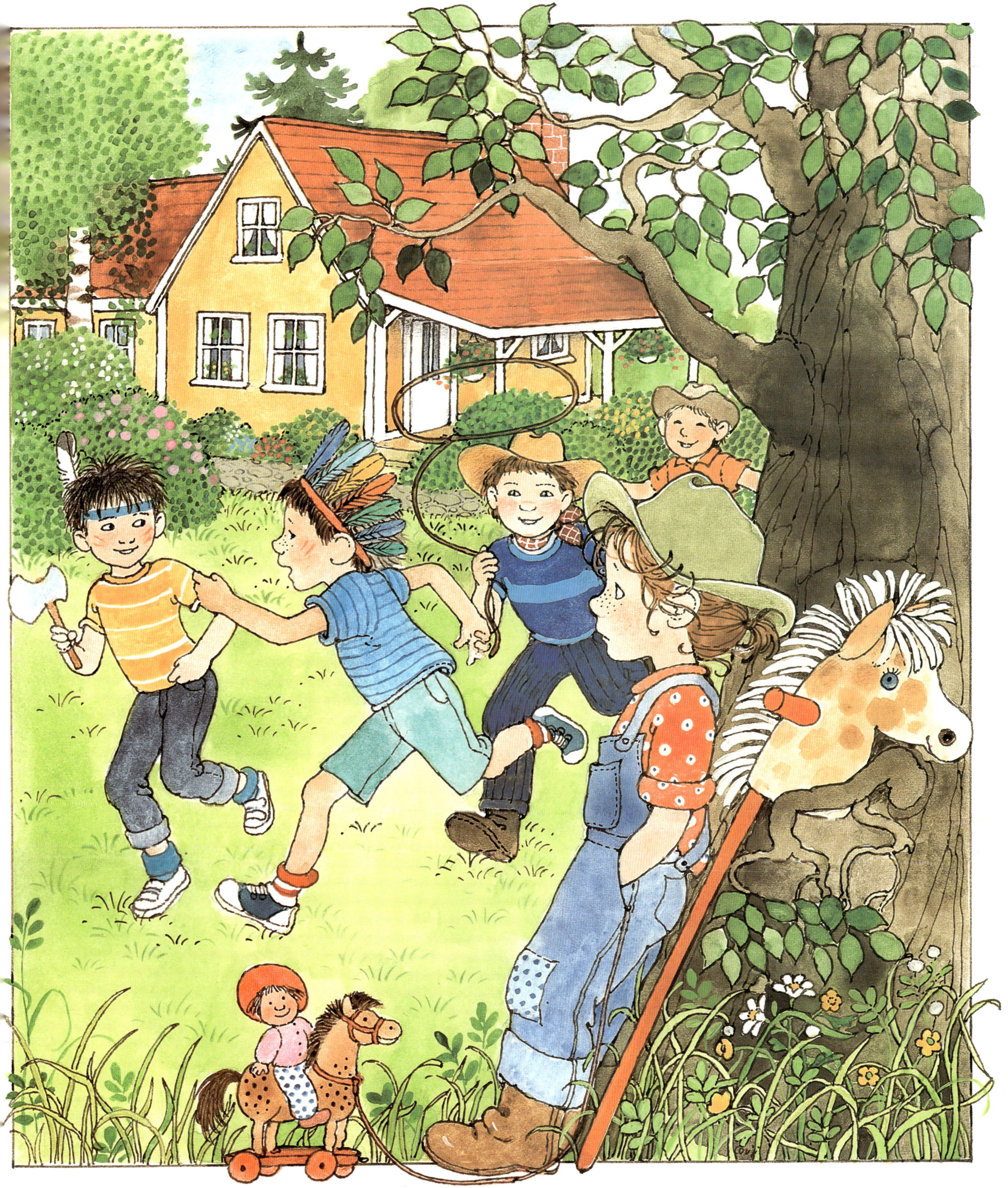

Manchmal langweilt sich Anna mit ihren Spielzeugpferden, vor allem, wenn Andreas in der Schule ist. Solange nämlich die beiden Geschwister allein sind, ist Andreas ein wirklich lieber Bruder und Spielkamerad...

Heute ist wieder so ein Tag, an dem Anna einfach hinaus muß an die frische Luft.

„Wiedersehen, Mami! Ich geh' ein bißchen zu Opa Bauer!" ruft Anna und fegt wie ein Wirbelwind ins Freie.

Draußen begrüßt Bobo sie, vor Freude bellend.

„Komm mit!" ruft Anna ihren Hund. Bobo ist ein richtiger Kinderhund: lieb, wuschelig und immer zum Spielen bereit. Anna wirft einen Stock, so weit sie kann. Natürlich saust Bobo schon vorher los, um das Holzstück zu schnappen und dem Mädchen zurückzubringen.

Bobo liebt dieses Spiel zum Austoben. Am meisten Spaß macht es Anna, nur so zu tun, als habe sie den Stecken geworfen.

„Such, Bobo, such!" sagt sie dann und lacht über Bobos tolpatschige Bemühungen, das Stück Holz zu finden...

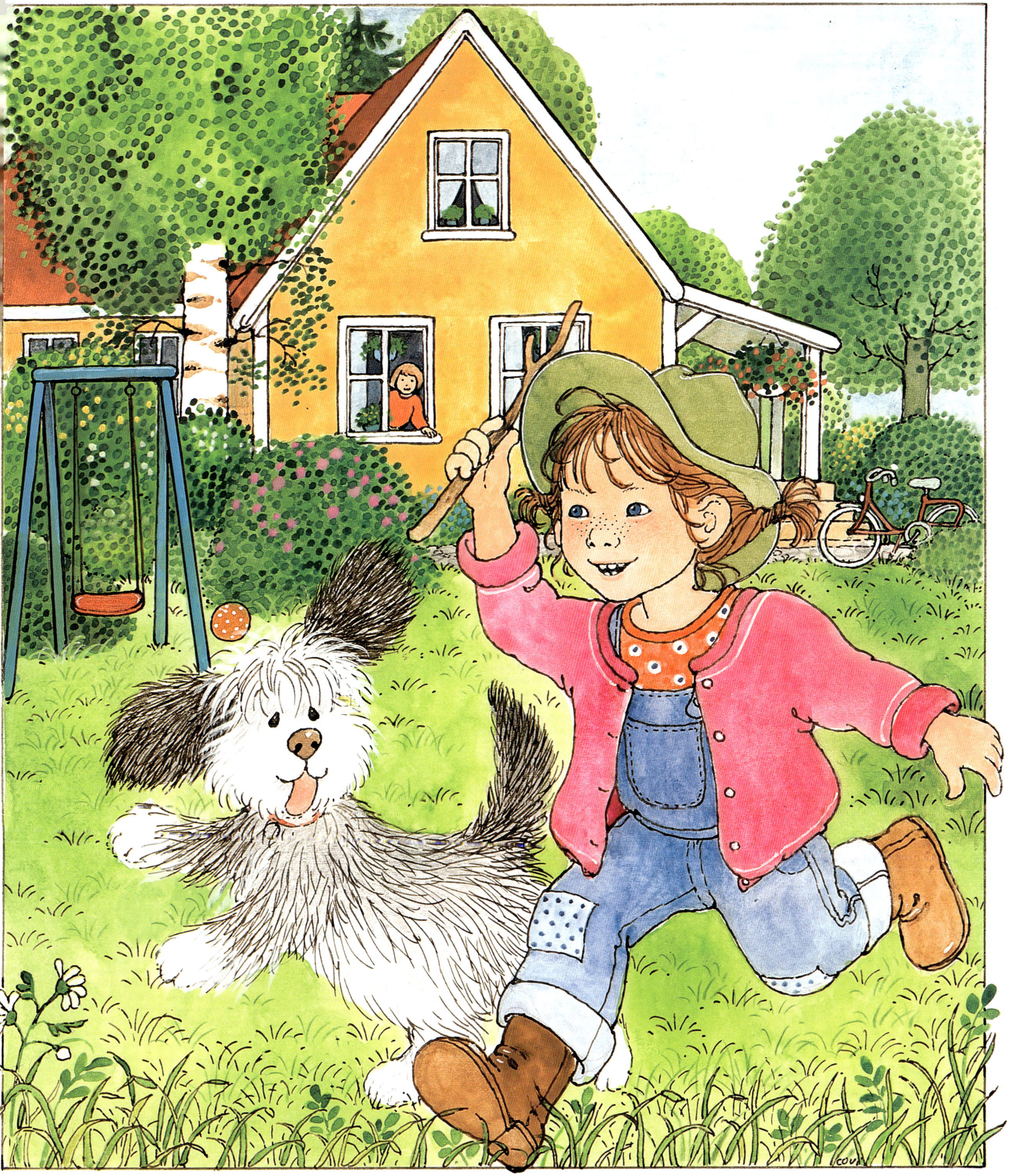

Opa Bauer ist ein freundlicher Nachbar. Er hat einen richtigen Bilderbuchhof, wie Mama sagt. Mit einer kunterbunten Tierwelt und kaum einer Knattermaschine. Sogar zum Einkaufen fährt Opa Bauer mit einer Pferdekutsche. Alle Kinder mögen den Mann. Und alle nennen ihn einfach Opa Bauer, obwohl er in Wirklichkeit Herr Obermüller heißt...

Opa Bauer züchtet vor allem Ponys. Er verkauft sie an Ponyhöfe, wo Kinder Reitferien machen können. Anna beneidet diese Kinder manchmal. Doch dann weiß sie, wie sie ihren Kummer vergessen kann.

Sie eilt zu einer entfernten Koppel. Sofort kommt eines der kleinen Pferde herangaloppiert.

„Hallo, Peter!" begrüßt Anna ihren vierbeinigen Freund und fragt lachend: „Du hast wohl wieder sämtliche Kinder abgeworfen, was?"

Es ist nämlich so, daß Peter von jedem Ponyhof zurückgeschickt wird. Peter sei bösartig, bockig und bissig, heißt es dann immer. Opa Bauer ärgert sich darüber, denn er möchte Peter gerne loswerden. Anna aber freut sich: „Sei du nur bockig!" sagt sie. „So bleiben wir wenigstens Freunde."

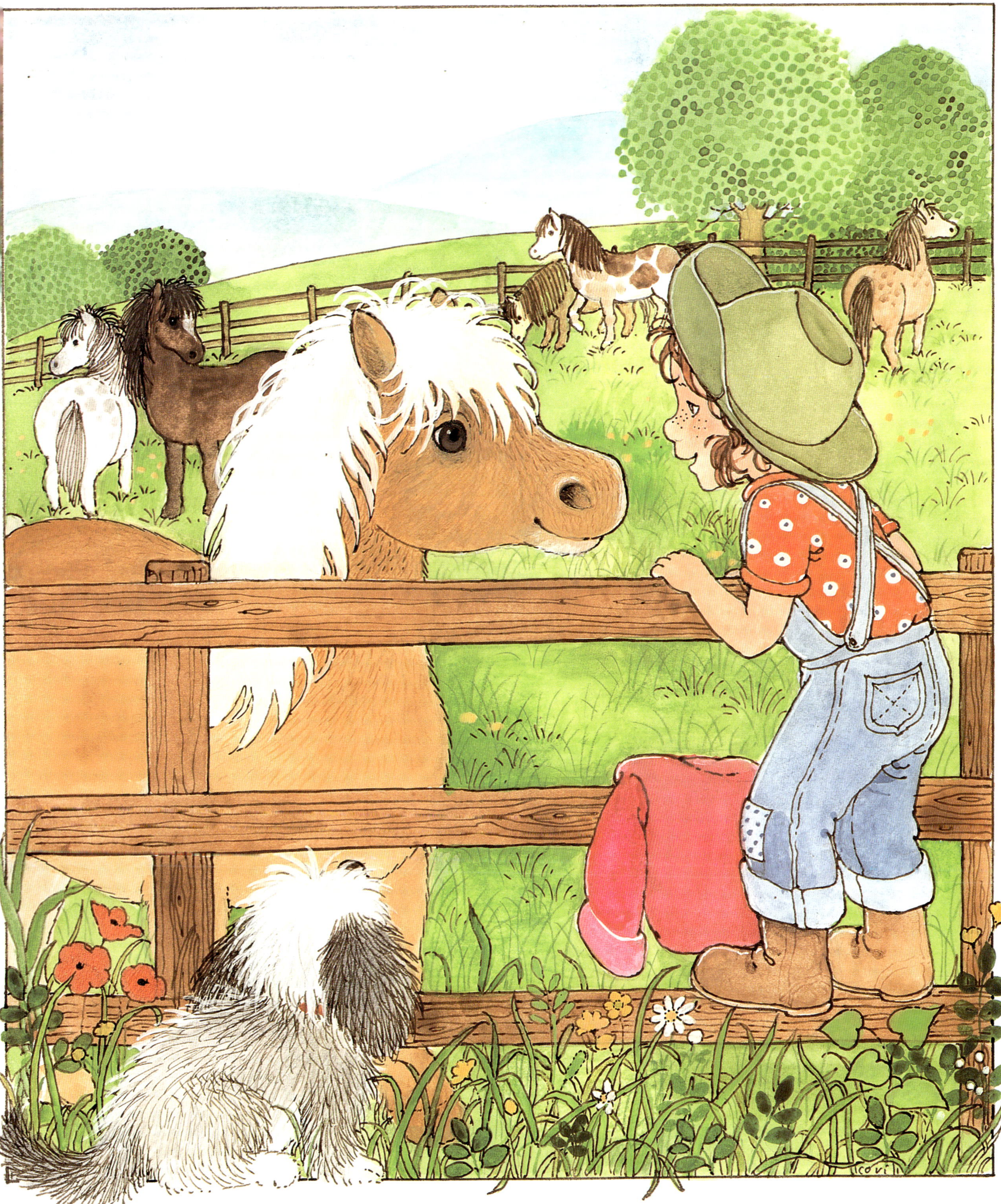

Anna ist sehr oft bei Peter. Meistens bringt sie ihm etwas zum Naschen mit: ein Stück Apfel, eine Mohrrübe, manchmal sogar ein Stück Zucker. Peter läßt sich dafür streicheln und tätscheln. Bobo muß sich stets in einigem Abstand hinlegen. „Du sollst Peter nicht nervös machen", sagt sie.
Heute ist Peter besonders zutraulich. Anna ist auf den Zaun geklettert. Peter reibt seinen blonden Ponykopf an Annas Knien. Dann galoppiert er davon, kommt aber gleich wieder zurück, um das Spiel zu wiederholen.
Da überlegt Anna: Ob ich mich trauen soll?
Und dann ist Anna furchtbar leichtsinnig und wagemutig. Sie lockt Peter ganz dicht heran - und klettert frech auf seinen Rücken...
Und siehe da! Peter zockelt mit dem Mädchen auf dem Rücken artig über die Weide, ohne bissig zu sein und ohne zu bocken. Bobo ist aufgesprungen und ist der einzige, der Anna bewundert. Wirklich, sie sieht aus wie ein stolzer kleiner Cowboy!

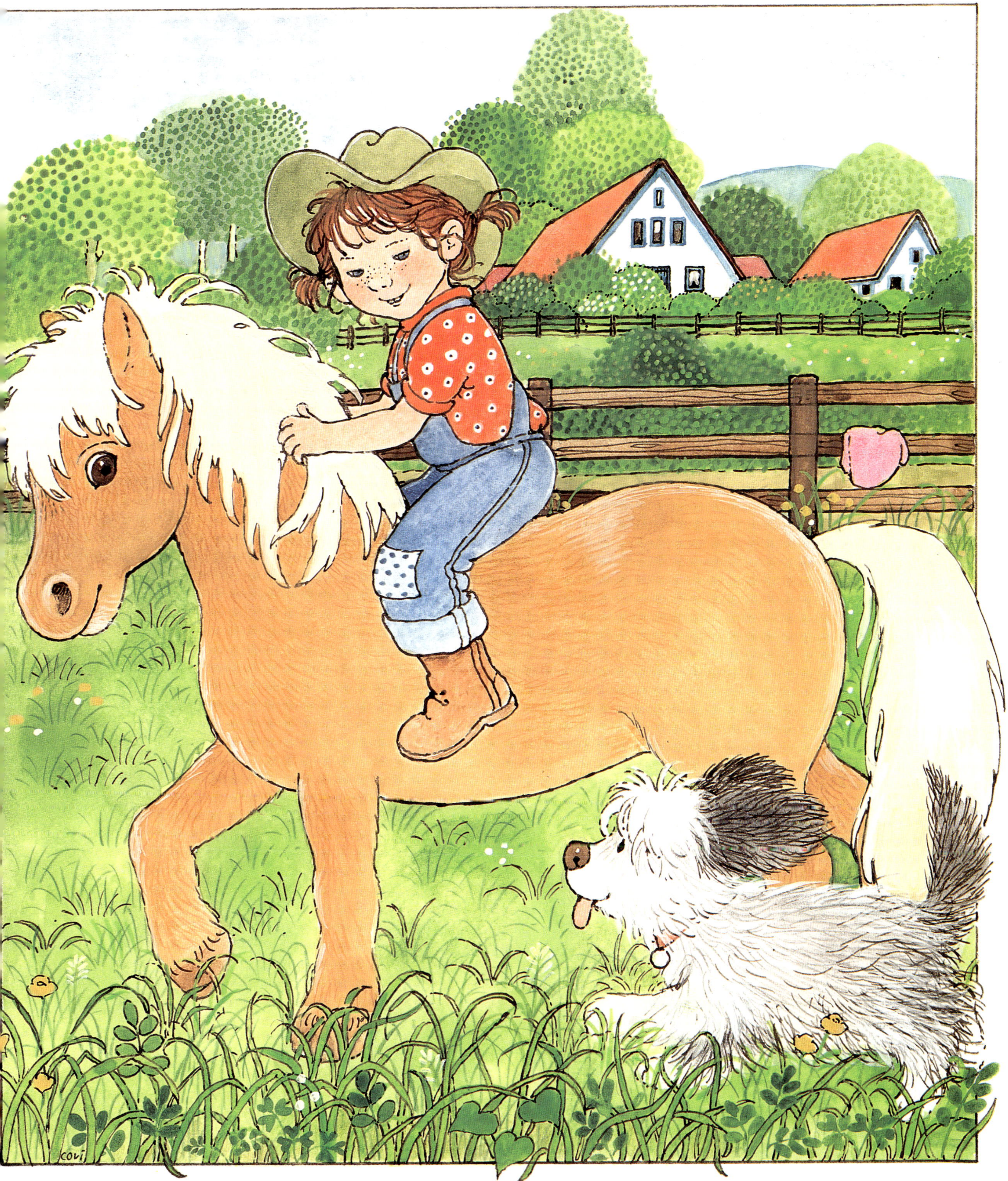
covi

Nun ist Anna nicht mehr zu bremsen...
„Cowboys reiten wilde Pferde zu und fangen Rinder mit dem Lasso", hat Papa erzählt.
„Habe ich nicht ein furchtbar wildes, bockendes, bissiges Pferd gezähmt?" fragt Anna ihren Hund und gibt gleich die passende Antwort: „Klar, hab' ich!" - Dann überlegt sie weiter: Jetzt muß ich nur noch Rinder mit dem Lasso fangen...
Anna und Bobo eilen nach Hause. Das Mädchen weiß, wo Andreas sein Wurfseil versteckt hat und holt es sich.
Auf Opa Bauers Kuhwiese muß Anna allerdings einsehen, daß es ganz schön schwer ist, ein Lasso zu schwingen. Das verflixte Wurfseil will nicht so, wie das Mädchen es gerne möchte. Anna schafft es einfach nicht, die Seilschlinge einer Kuh oder einem Kalb über Kopf und Hörner zu werfen.
Die Rindviecher finden das äußerst spannend. Bald ist das kleine, Cowboy spielende Mädchen von lauter neugierigen Kühen umringt. Bobo sind die riesigen Tiere unheimlich. Er bleibt immer schön hinter Anna, die scheinbar überhaupt keine Angst zu kennen scheint...

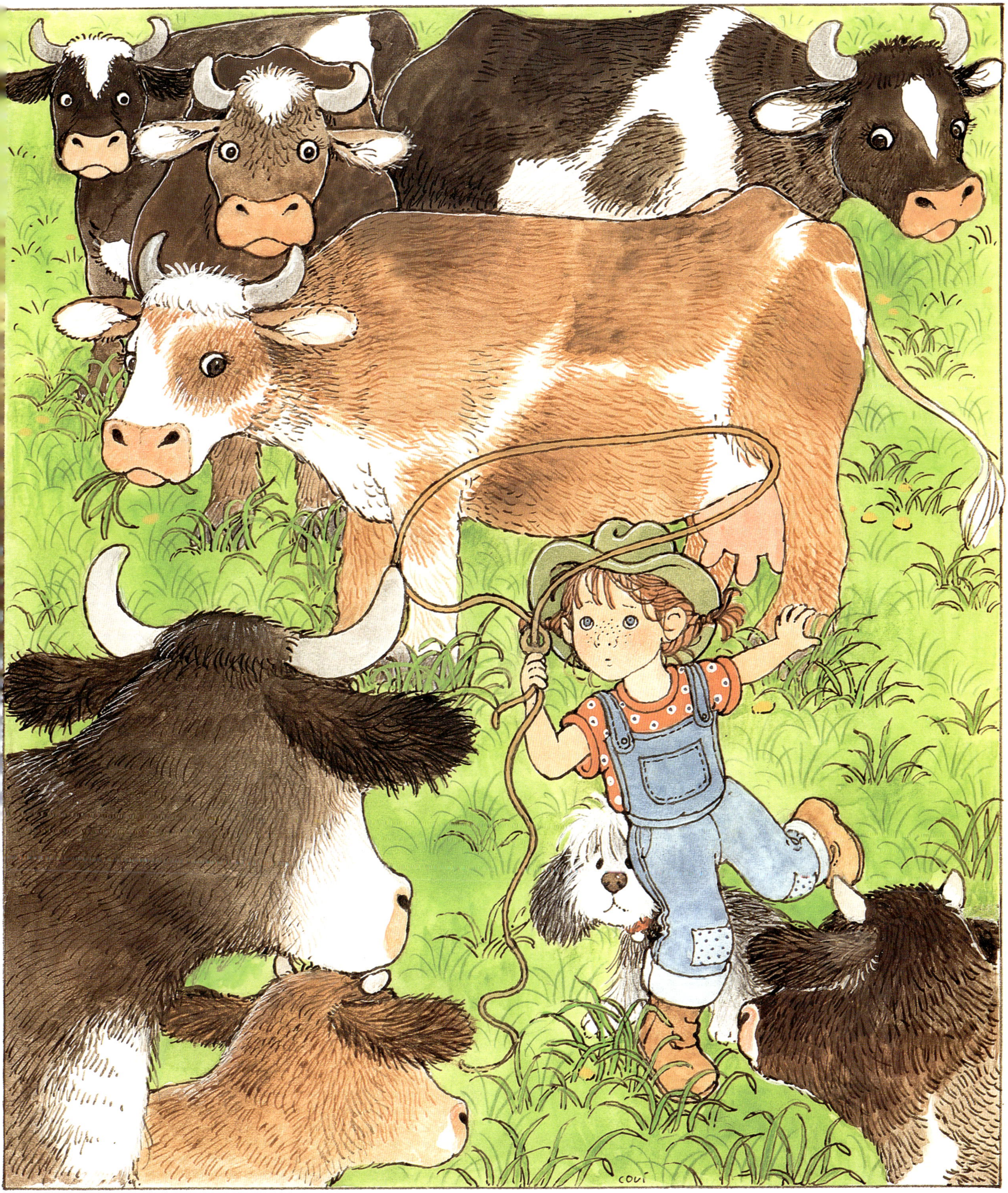

Da taucht Andreas mit seinen Freunden auf. Die Schule ist aus, und schon haben sich die Jungen als Cowboys und Indianer ins Spiel gestürzt.

Andreas ruft: „Schau mal einer an. Meine kleine Schwester als Möchtegerncowboy! Mit meinem geklauten Lasso!"

Anna erwidert: „Das Seil ist nicht geklaut, nur geliehen!"

„Auch noch frech werden!" sagen einige der Jungen, und einer von ihnen schlägt vor, Anna an den Marterpfahl zu binden. Da beginnt eine wilde Hetzjagd. Kühe, Kinder und Bobo flitzen kreuz und quer über die Weide. Anna ist flink wie ein Wiesel. Bobo kläfft begeistert und weiß überhaupt nicht, worum es eigentlich geht. Und die aufgeschreckten Kühe galoppieren regelrecht, so daß ihre schweren Euter lustig hin und her wackeln.

Als Anna aus Versehen in einen frischen Kuhfladen tritt, rutscht sie aus wie auf einer Bananenschale. Wehrlos ist sie den Indianern und Cowboys ausgeliefert...

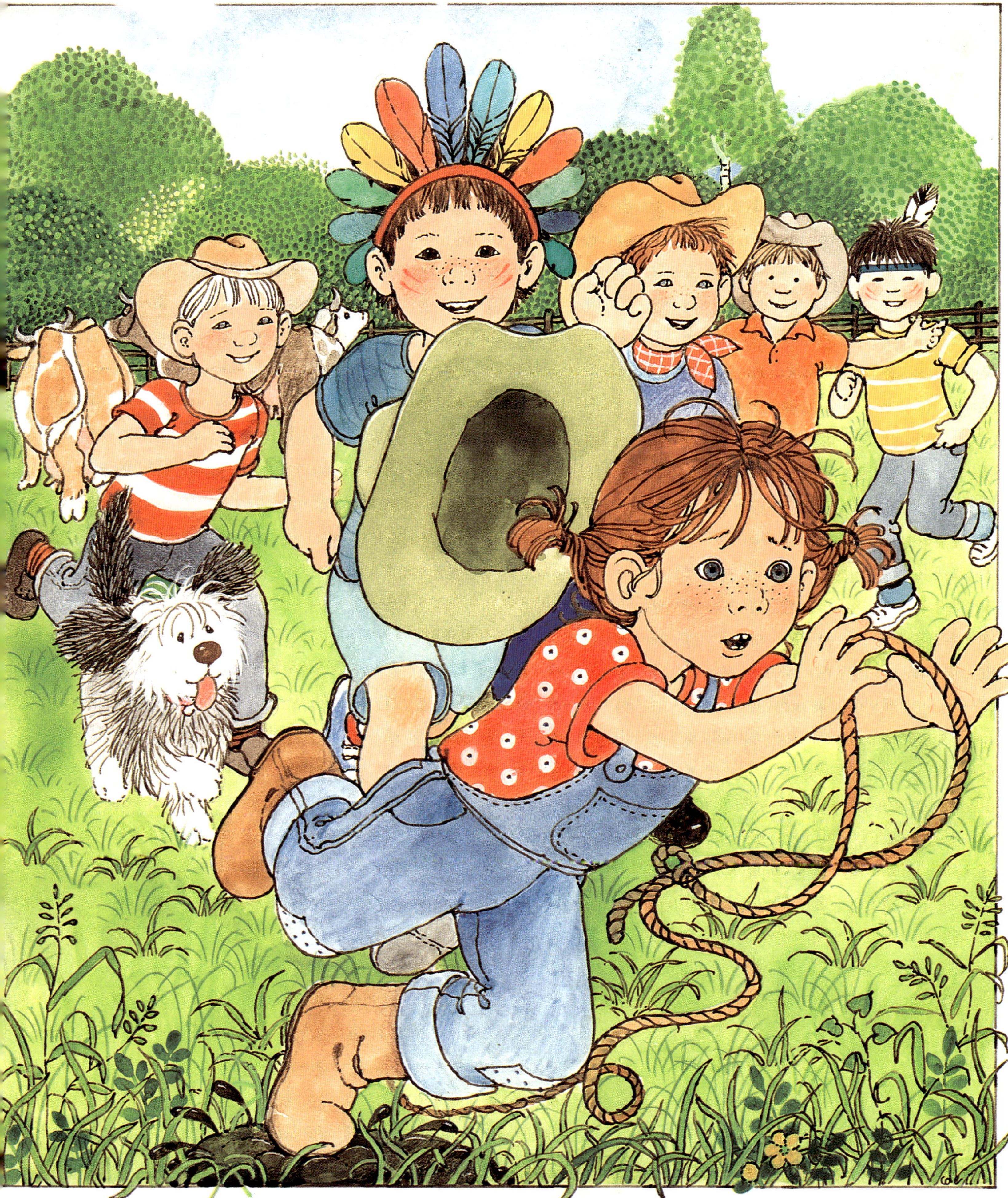

Die Jungen fesseln Anna an einen Baum. Sie wehrt sich wütend und faucht wie eine Wildkatze. Doch so viele Kerle sind natürlich eine viel zu starke Übermacht...

Hierauf beginnen die als Indianer verkleideten Jungen, mit lautem Kriegsgeschrei einen wilden Tanz aufzuführen. Andreas und die anderen Cowboys feuern sie dabei kräftig an.

Andreas ruft: „Gleich wirst du von den Indianern gemartert!"

Anna schreit: „Du bist gemein!"

„Wir könnten sie ja mit Brennesseln kitzeln", schlägt einer der Buben vor.

Andreas aber sagt: „Nein, das wäre wirklich gemein. Aber einfach so kitzeln, das dürfte ausreichen, sie ist nämlich wahnsinnig kitzelig..."

Anna kichert und kreischt, als die Indianer sie kräftig durchkitzeln.

Plötzlich taucht Opa Bauer auf und sagt: „Na, na! Ihr seid mir vielleicht ein paar tapfere Kerle! Ein kleines Mädchen an den Marterpfahl binden, schämt euch! Helft mir lieber, die Ponys zum Hof zu treiben, ihr Indianer und Cowboys!"

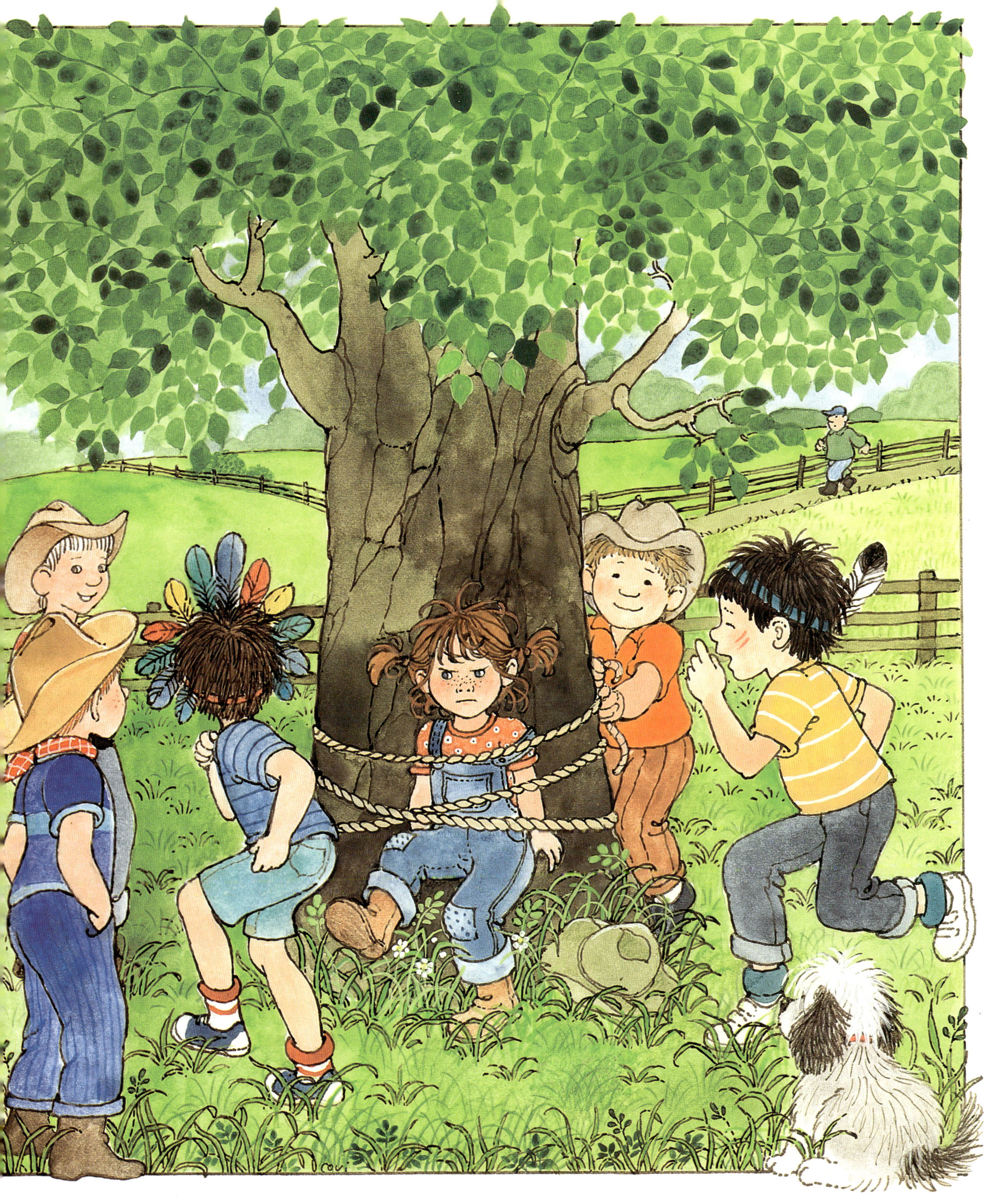

Auf Opa Bauers Hof werden die Tiere in eine Umzäunung getrieben, aufgezäumt und gesattelt. Ein flotter junger Mann will die kleinen Pferde für ein Kinderheim kaufen und sagt: „Dann wollen wir mal sehen, wie kinderfreundlich Ihre Tiere sind, Herr Obermüller. Also, ihr Cowboys und Rothäute, rauf auf die Gäule!"
Andreas und seine Bande steigen stolz auf die Ponys. Anna möchte natürlich auf Peter mitreiten. Die Jungen aber drängen sie zurück und behaupten, das hier sei eine kernige Männersache. Dabei hätten kleine blöde Mädchen nichts zu suchen.
„Ich bin auch ein Cowboy!" schreit Anna verzweifelt und den Tränen nahe. Doch die Kinder reiten bereits im Kreis herum...
Opa Bauer hebt Anna auf die Umzäunung und setzt sich neben sie. Mach' dir nichts draus, Schätzchen", tröstet er sie.
In diesem Augenblick hört man einen wütenden Aufschrei und einen Plumps. Einer der Cowboys liegt im Sand. Peter hat ihn einfach abgeworfen...

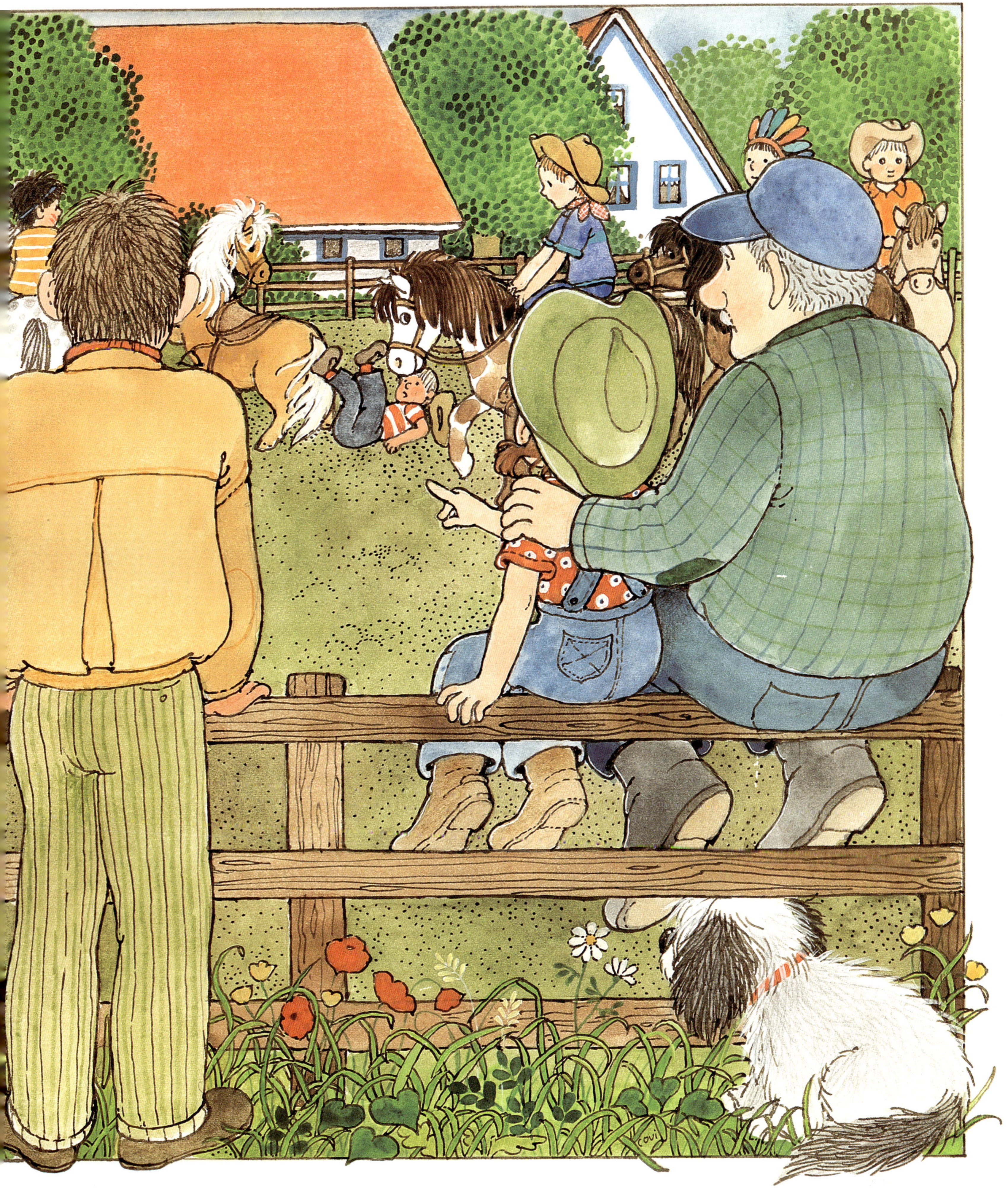

„Dieser blöde Gaul!" schimpft der kleine Cowboy beleidigt und klopft sich den Staub aus den Hosen. Da sagt Andreas herablassend: „Komm, steig auf mein Pferd! Ich übernehme den Peter!" Behende steigt Annas Bruder in den Sattel, und artig zottelt Peter weiter.

Es dauert aber nicht lange, da fängt Peter wieder an, störrisch zu werden.

„Peter, du kleiner Lümmel!" schimpft Opa Bauer, und der Ponykäufer sagt lachend: „Den behalten Sie mal lieber, Herr Obermüller, der ist ja ein richtiger Kinderschreck..."

„Ist er nicht", sagt da Anna schnippisch.

„Und was ist das da, kleines Fräulein?" fragt der junge Mann und zeigt auf den bockigen Peter. Krampfhaft versucht Andreas, sich im Sattel zu halten. Immer widerspenstiger wird das Pony. Es bäumt sich auf und - hast du nicht gesehen! - liegt Andreas im Sand...

Peter aber kommt fröhlich angaloppiert und schubst Anna freundschaftlich. Ohne lange zu überlegen, klettert das Mädchen auf Peters Rücken...

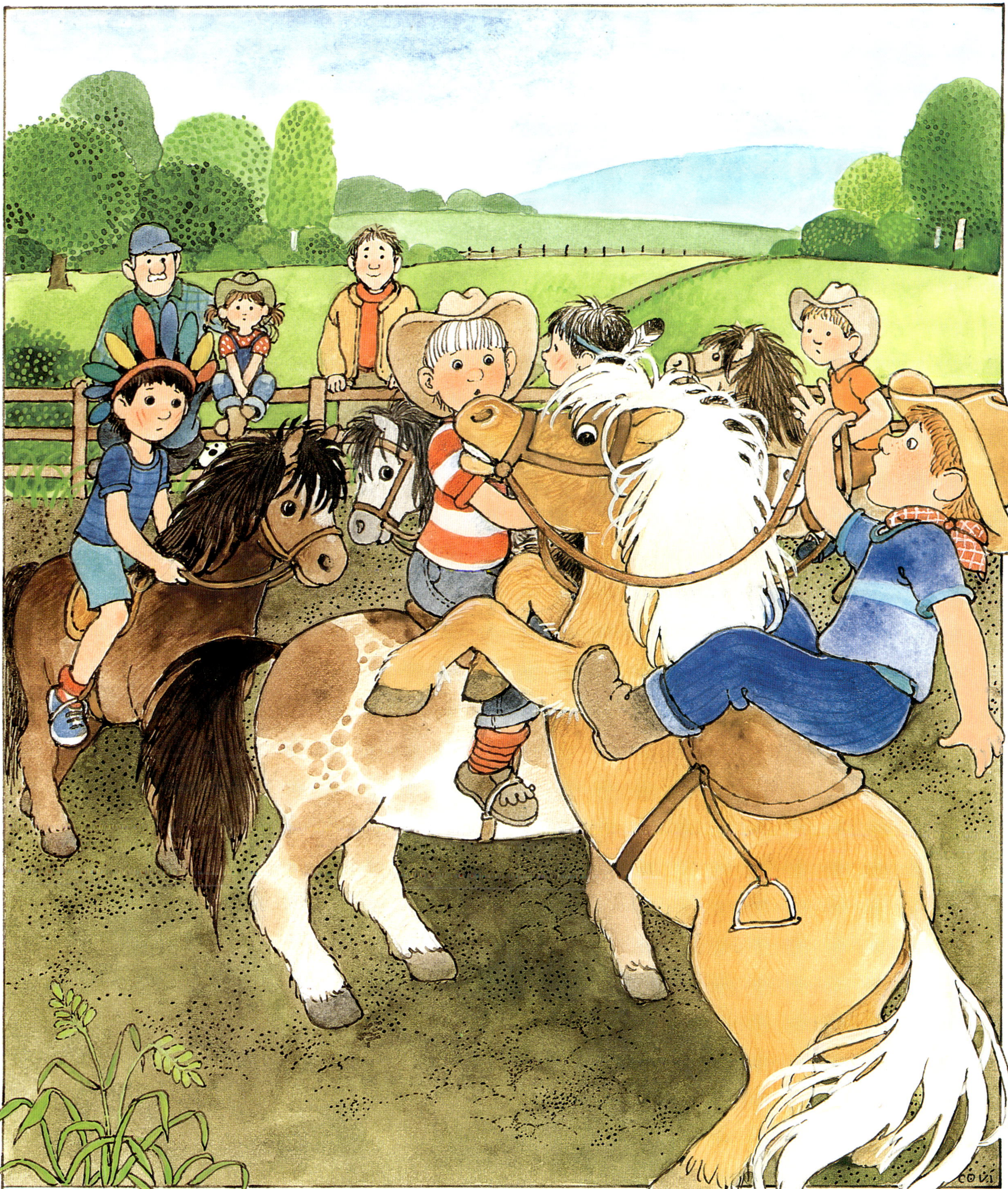

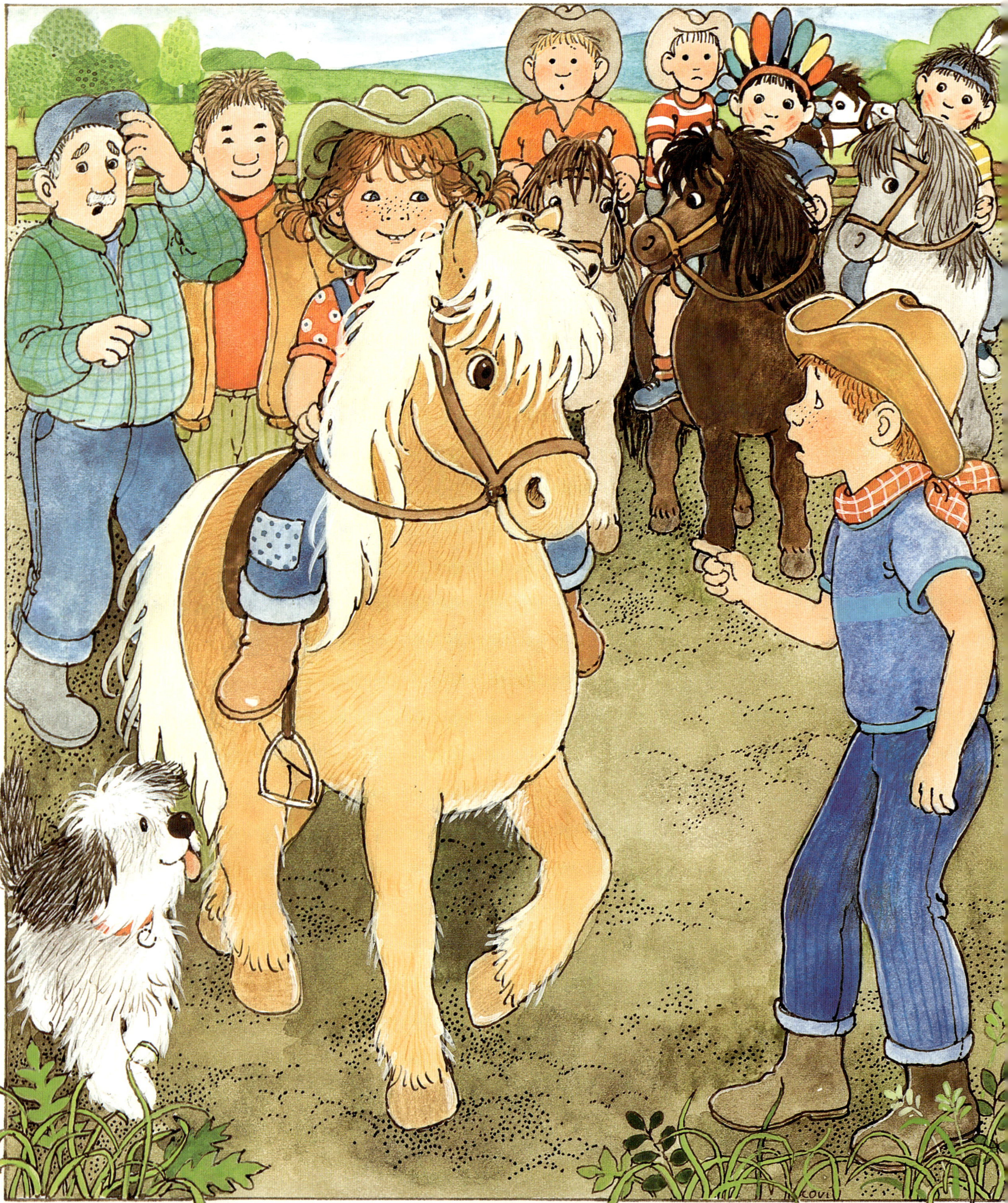

„Um Himmels willen, Anna!" ruft Opa Bauer besorgt.
Alle Jungen sehen sich das Schauspiel mit offenem Mund an: Ohne einmal zu bocken, trottet Peter lammfromm mit Anna auf dem Rücken im Kreis herum. Nun kann sie stolz von oben herab auf all die verdutzten Cowboys und Indianer blicken...
„Donnerwetter!" sagt der Ponykäufer anerkennend. „Du bist ja wirklich ein toller kleiner Cowboy!"
Opa Bauer schaut nachdenklich. Dann sagt er: „Das gefällt mir einfach, wie so ein Mädchen uns allen zeigt, was für ein ganzer Kerl sie ist! Bravo!" - Und zu Anna sagt er: „Keiner will den Peter haben. Du aber schaffst es, mit ihm klarzukommen. Also gehört dir das Pony ab sofort!"
Vor Freude fängt Anna zu heulen an. Aber keiner der Jungen macht eine blöde Bemerkung, denn Opa Bauer droht ihnen im Spaß: „Und wehe, einer von euch komischen Banditen wagt es noch einmal zu behaupten, Anna sei kein Cowboy!"

Anna und ihr Pony im Zirkus

Anna ist auf eine nette Art eigensinnig, denn was immer ihr in den Sinn kommt, muß ausgeführt werden...
Anna will immer irgend etwas sein. Am liebsten will sie Cowboy sein. Deshalb trägt sie gerne Nietenhosen und einen abenteuerlichen Schlapphut.
Ihrem großen Bruder Andreas und seiner Bande hat Anna gezeigt, daß sie wirklich ein Cowboy sein kann. Vom bockigen Pony Peter ist sie nämlich als einzige nicht abgeworfen worden. Vielmehr ist sie mit dem Pferdchen so gut zurechtgekommen, daß Herr Obermüller dem Mädchen das Tier geschenkt hat. Einfach, weil Opa Bauer - so nennen die Kinder Herrn Obermüller - den Mut der kleinen Anna bewundert hat...
Seitdem wird Anna von keinem der größeren Kinder mehr gehänselt. Alle finden, daß sie ein prima Spielkamerad ist. Schließlich hat sie stets die verrücktesten Ideen.
Diesmal will Anna zum Zirkus. Ihren Spielkameraden erklärt sie: „Dort gibt's auf alle Fälle Pferde und Indianer und Cowboys!"

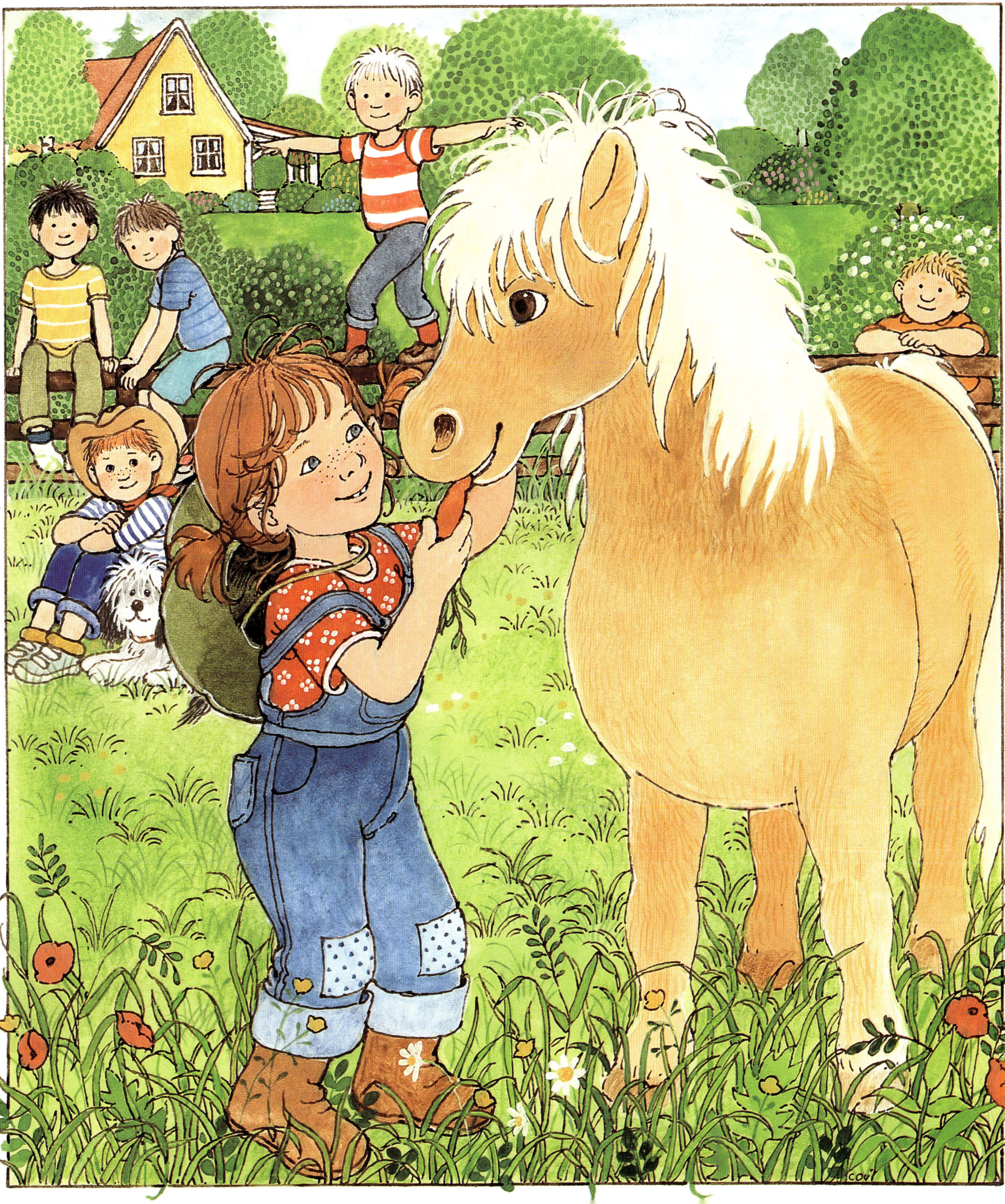

Die Kinder überlegen, als was Anna beim Zirkus arbeiten könnte. „Als Cowboy natürlich!" sagt sie, aber ganz ernst kann Anna diese prahlerische Wunschvorstellung selbst nicht nehmen...
Andreas meint lachend: „Dann schon eher als Clown."
Anna erwidert: „Warum nicht? Hauptsache, Zirkus!" Dann schweigen die Freunde. Zirkus... Schön und gut. Wo aber gibt es einen Zirkus?
Da fragt der dicke Uli die betrübte Kinderrunde: „Warum machen wir nicht einen eigenen Zirkus auf?"
„Au jaaa! Tolle Idee! Super!" schreien alle, und Anna jubelt: „Klar, wir gründen einen Zirkus! Und Tiere haben wir auch genug!"
„Wieso? Wo? Was für Tiere denn?" fragen die Kinder.
Da sagt Anna: „Überlegt doch mal! Hier ist mein Hund Bobo. Und außer Peter gibt es bei Opa Bauer noch viele Ponys und Gänse und Ziegen..."
Mit Gejohle stürmen die Spielkameraden auf den Hof von Opa Bauer...

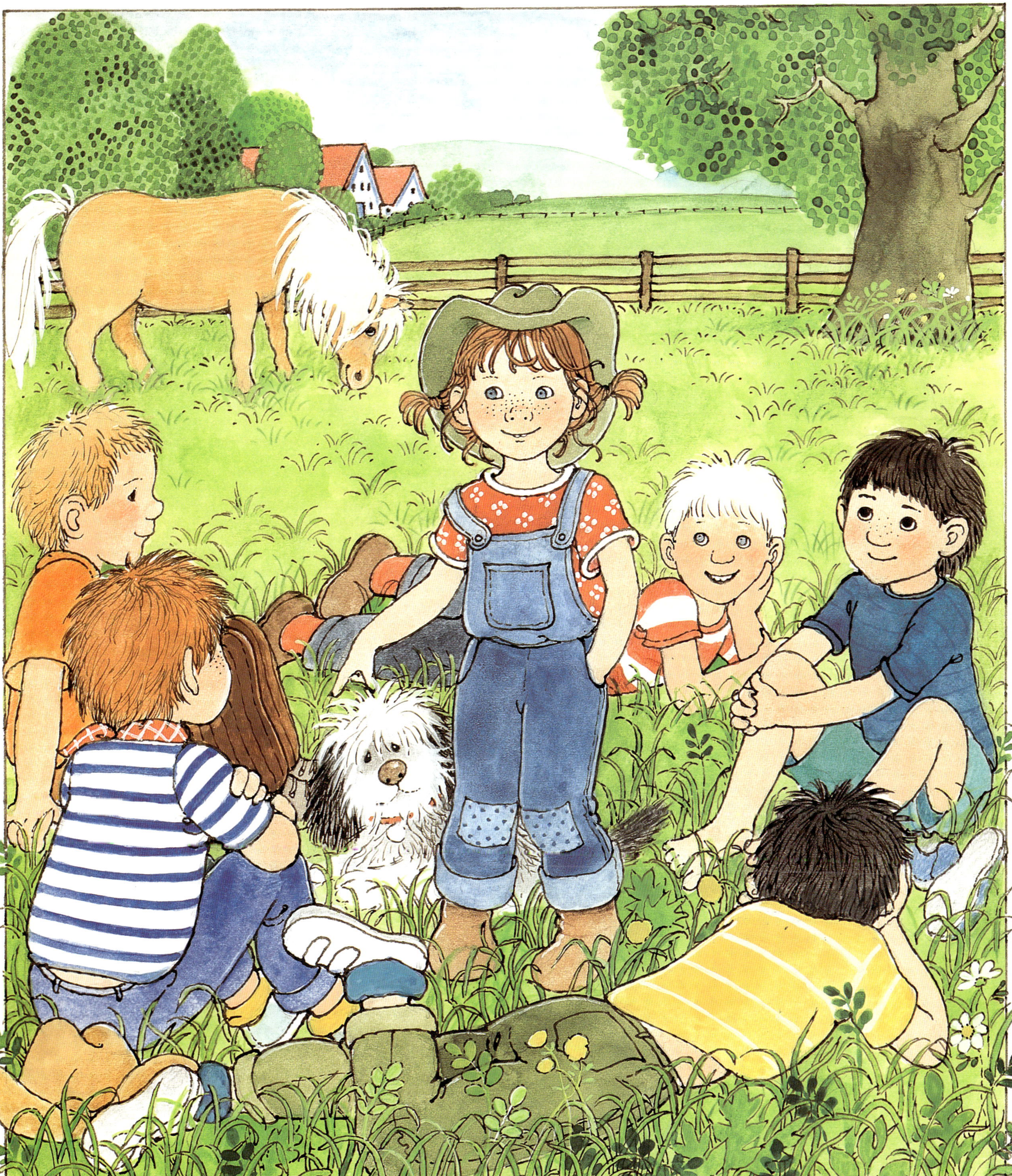

„Soso, einen Zirkus wollt ihr gründen", schmunzelt Opa Bauer. Er macht gerade eine Kaffeepause und studiert die Zeitung. Doch weil er ein Kinderfreund ist, sagt er: „Ist in Ordnung. Auf der Ponywiese hinterm Haus könnt ihr euer Programm einüben."
Die Freunde setzen sich mit Opa Bauer zusammen und beratschlagen.
„Also, was wollen wir nun eigentlich vorführen?" fragt Andreas. Zunächst sind alle etwas ratlos. Was schon können sie wirklich, das in eine Zirkusvorstellung paßt? Opa Bauer schlägt vor: „Macht erst mal das, was ihr sowieso immer spielt: Verkleidet euch als Cowboys und Indianer!"
„Wir brauchen aber auch einen Clown!" unterbricht eines der Kinder. Der dicke Uli fügt hinzu: „Und so einen Ha-, einen Halle-, einen Harle-, na, ihr wißt schon..."
„Einen Harlekin", hilft Herr Obermüller weiter.
„Genau!" brüllt Anna und bestimmt: „Uli macht den Clown, und ich den Halle-, also, den Har-le-kin!" Ihr fällt nämlich ein, daß zu Hause ein Harlekinkostüm herumhängt. Mama hatte es als Kind zum Karneval getragen.

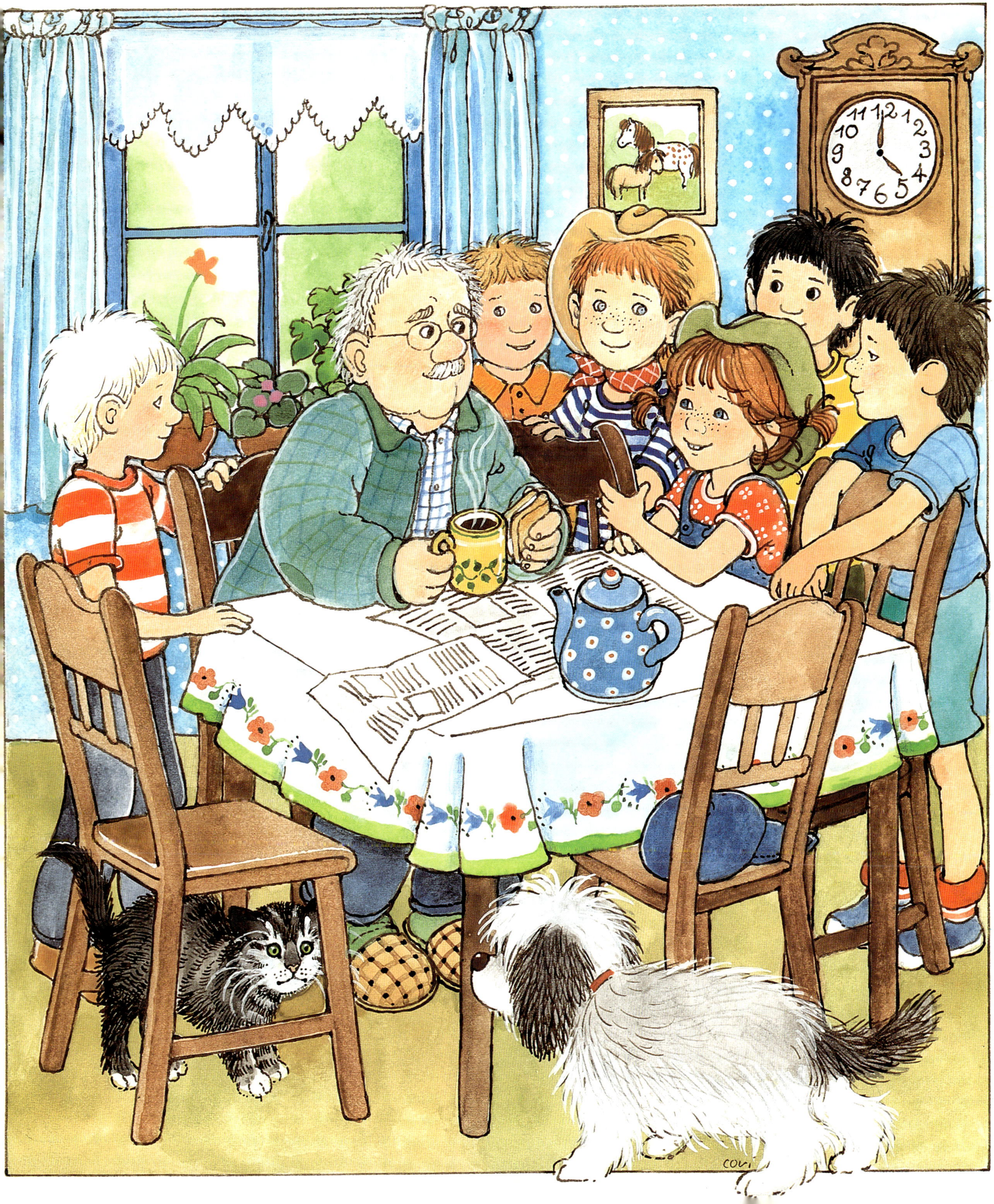

Nun kann es also losgehen. Aus dem dicken Uli ist ein lustiger Clown geworden. Anna paßt die Harlekinverkleidung ausgezeichnet. Andreas und seine Bande erscheinen als verwegene Kerle aus dem Wilden Westen.

Bald sieht es auf Opa Bauers Ponywiese tatsächlich so aus, als trainiere dort eine Zirkusmannschaft. Cowboys schwingen Lassos. Indianer üben Kriegstanzgeheul oder schießen Pfeile auf eine Zielscheibe. Clown Uli versucht sich als Jongleur mit bunten Bällen. Natürlich klappt es nie richtig. Das macht Uli immer wütender. Gerade das sieht so lustig aus, daß seine Spielkameraden Beifall klatschen.

„Übe bloß nicht weiter!" warnt Anna im Spaß. „Sonst kannst du's am Ende noch, und die ganze Nummer klappt nicht mehr..."

Schließlich überlegen die kleinen Zirkusartisten noch, welche Tiere bei der Vorführung mitmachen sollen.

Eines Tages ist es wirklich soweit. Die große Vorstellung kann stattfinden!

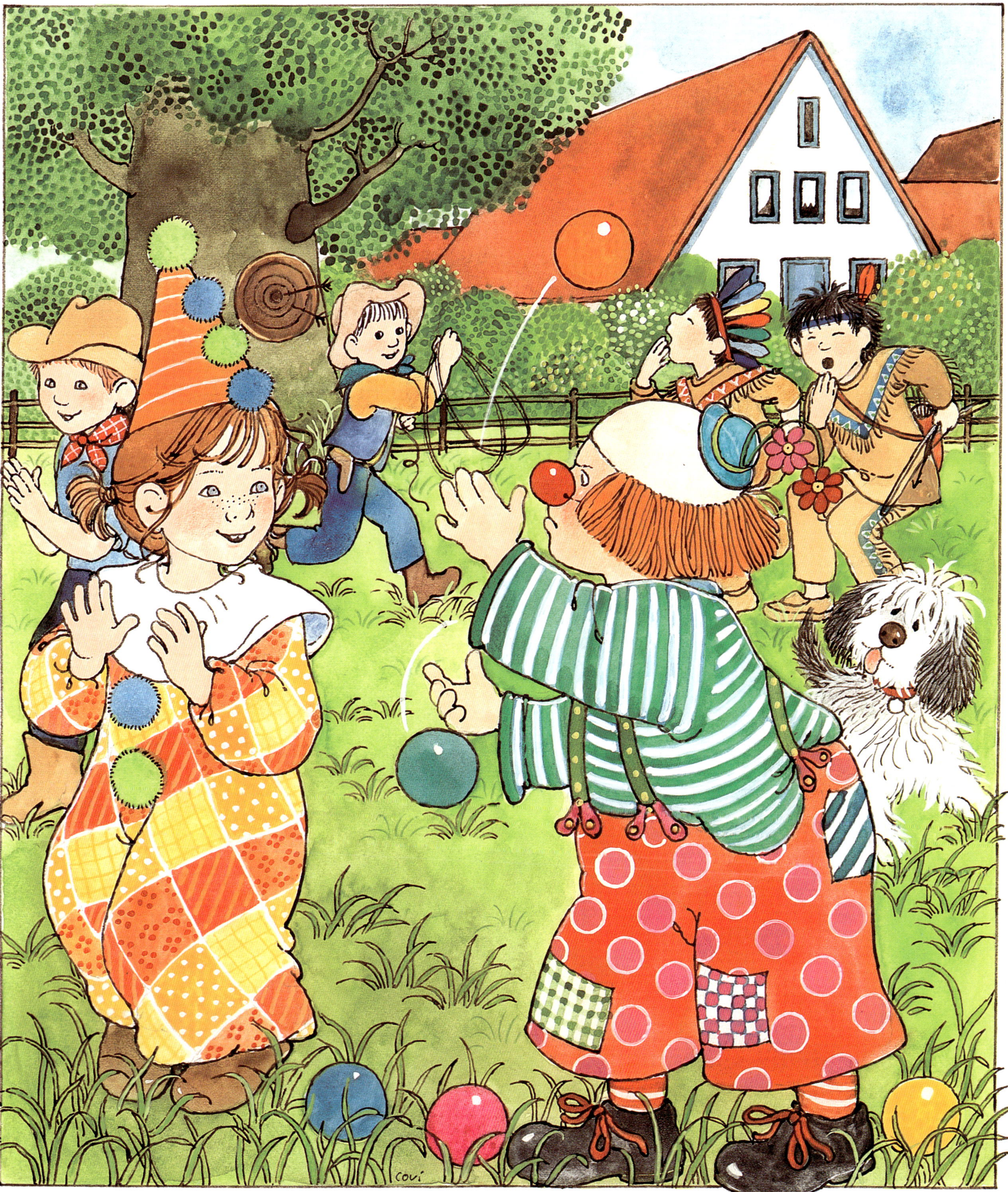

Eltern, Freunde, Tanten, auch ein Onkel, manche Oma mit ihrem Opa und viele Kinder tummeln sich auf der Ponywiese. „Annas Kinderzirkus" verkündet ein Schild. Mit Sägespänen ist eine kreisrunde Manege gekennzeichnet. Ein paar Zuschauer finden auf Gartenstühlen und Kisten Sitzgelegenheit. Opa Bauer spielt den Ansager: „Meine sehr verehrten Damen und Herren, seien Sie mir willkommen in Annas Kinderzirkus!" Er hat sich wie ein Zirkusdirektor herausgeputzt. Noch viele nette Worte sagt er. Die Zirkuskinder sind jedoch viel zu aufgeregt, um zuzuhören. Hinter großen Tüchern, die zwischen zwei Pferdewagen gespannt sind, warten sie auf ihren Auftritt. Als die Zuschauer klatschen und Opa Bauer auf seiner alten Ziehharmonika eine flotte Melodie zu spielen beginnt, sagt Anna: „Auf geht's! Los! Die Schau beginnt!" Fröhlich winkend marschieren die Kinder in die Zirkusarena. Und dann folgen Schlag auf Schlag die sorgsam eingeübten Darbietungen...

Annas Kinderzirkus

Programmnummer eins ist ein indianischer Kriegstanz. Dann wird Andrea als einer der besten Lassowerfer des Wilden Westens angekündigt. Zwischendurch bringt der Clown die Zirkusgäste zum Lachen. Schließlich ist Anna an der Reihe. Opa Bauer macht die Ansage: „Und nun, hochverehrtes Publikum, die besten Dressurdarbietungen von Harlekin Anna!"
„Hoffentlich klappt alles!" bangt Anna hinterm Vorhang. „Natürlich klappt es! Wir drücken die Daumen!" ermuntern die Freunde das Mädchen.
Dann schreitet Anna in die Manege, gefolgt von der Gans Amanda. Sofort fangen die Zuschauer an zu lachen und vor Freude zu klatschen, denn Amanda zieht einen Puppenwagen, aus dem ein friedlich mümmelndes Kaninchen schaut. Niemand merkt, daß Anna die hungrige Amanda im Kreis herumlockt, indem sie ab und zu ein paar Körner fallen läßt! Als die Runde beendet ist, darf sich die stolze Gans aus Annas Hand richtig sattfressen.

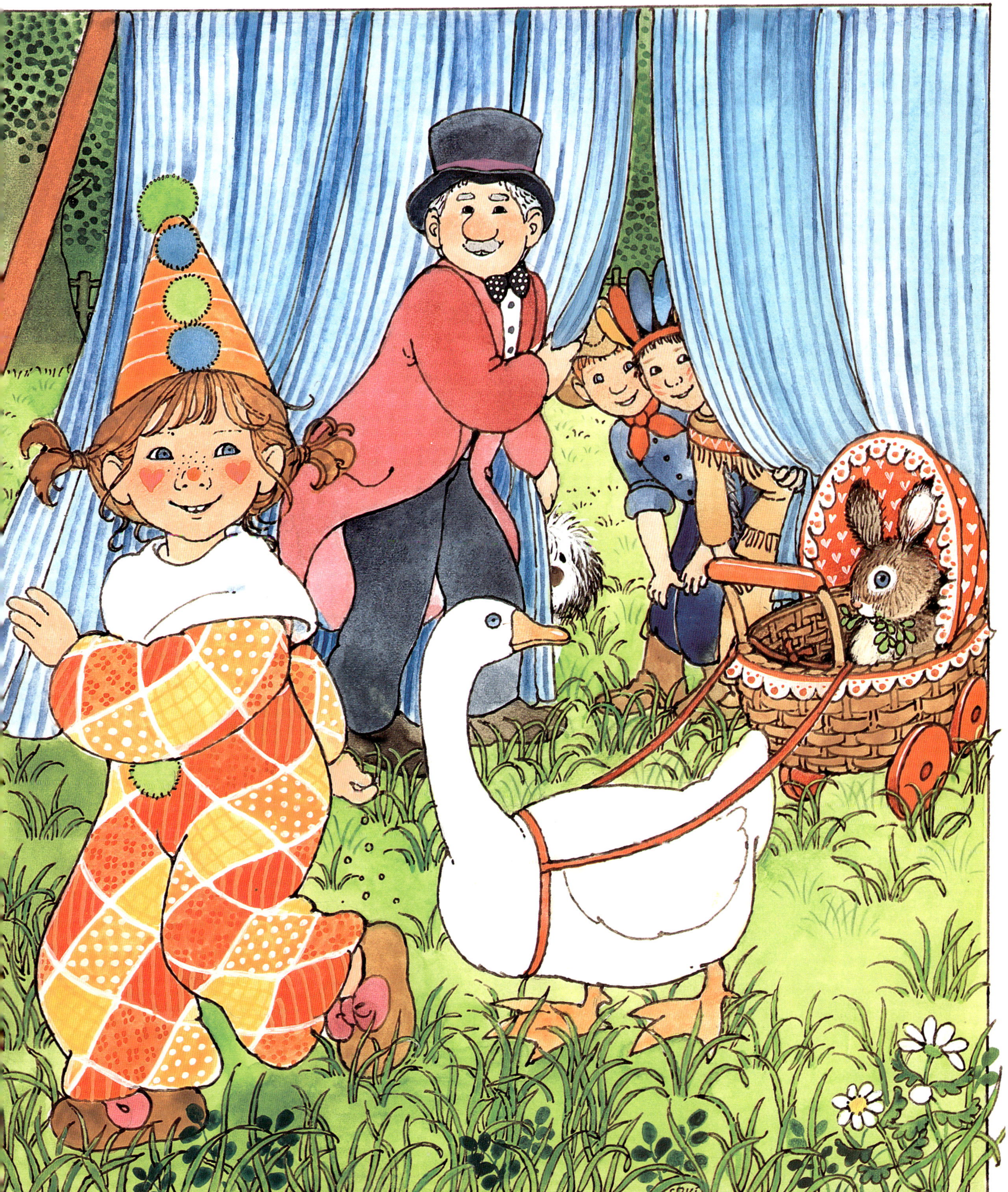

Nun aber folgt Bobos Glanznummer. Mit einer eleganten Bewegung hält Anna ihrem Hund den Reifen zum Sprung hin. „Hopp!" kommandiert sie.
Nichts passiert... Bobo schaut einfach treuherzig durch den Reifen.
Wieder versucht es Anna: „Los Bobo! Hopp!"
Der Hund legt den Kopf schräg und schaut diesmal Anna erwartungsvoll an. Anna murmelt verzweifelt: „Laß mich bloß nicht im Stich! Los, Bobo, du blöder Hund, so spring doch endlich!"
Die anderen Kinder beobachten voller Sorge, in welch dumme Situation Anna geraten ist. Opa Bauer hat allerdings vorgesorgt. Er flüstert mit dem dicken Uli, und schon stolpert der Clown unter dem Gelächter der Zirkusbesucher in die Manege.
„Bobo nix springen, wenn Bobo nix Bratwurst!" brüllt er. Dann wedelt er mit einer dicken Wurst vor Bobos schnuppernder Schnauze.
Mit einem Super-Tigerhechtsprung saust Bobo durch den Reifen. Noch in der Luft schnappt er den Leckerbissen und trollt sich. Anna und Uli aber dürfen sich die Bravorufe und den Applaus der Zuschauer teilen...

Annas Kinderzirkus

Hinter dem Vorhang entsteht geschäftiges Rumoren. Ein Rascheln und Klappern, ein Schnauben, Kichern und Meckern... Opa Bauer schnappt seine Ziehharmonika und ruft: „Manege frei für die große Kinderzirkus-Schlußparade!"
Als sich der Vorhang öffnet, zieht eine prächtige Karawane in das Zirkusrund ein. Die Leute sind stumm vor Staunen. Was sich die Kinder da haben einfallen lassen, ist wirklich zirkusreif!
Anna hat sich in eine Prinzessin verwandelt, die stolz auf ihrem Pony Peter reitet. Auch Andreas und seine Bande sind kaum wiederzuerkennen. Wer ist wohl der Ritter? Und wer steckt in der wilden Seeräuberverkleidung? Da sind auch ein arabischer Scheich und ein türkischer Sultan. Und dort ein indischer Schlangenbeschwörer mit einer grausigen Giftschlange. Zum Glück ist es nur ein Kriechtier aus dem Spielzeugladen! Geschmückte Ponys und Ziegen sowie die Gans Amanda gehören ebenfalls zur Prachtparade...
Langer Beifall und Jubel sind der Lohn für all die Mühe, die sich Anna und die Kinder gemacht haben...

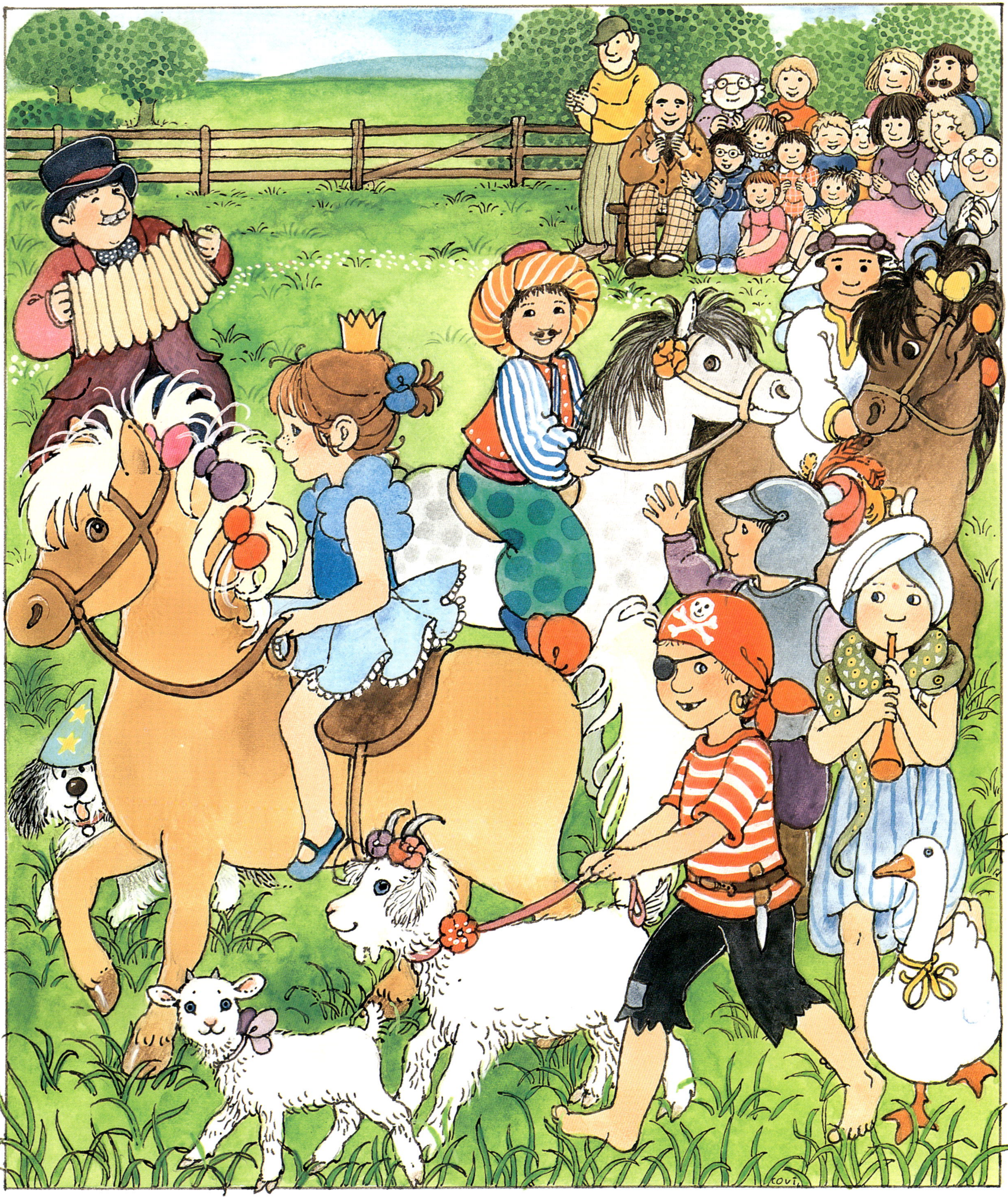

Nur wenige Tage später kommt Anna atemlos zu Opa Bauer gerannt. „Na, was für eine verrückte Idee hast du jetzt wieder ausgeheckt?" begrüßt Herr Obermüller seine kleine Freundin. Anna berichtet aufgeregt: „Ein Zirkus! Ein berühmter Zirkus hat in der Stadt sein riesengroßes Zelt aufgeschlagen!" So kommt es, daß Opa Bauer seine stärksten Ponys vor einen Wagen spannt und mit Annas Zirkuskindern in die Stadt fährt. Als sie ankommen, sagt er: „Übrigens habe ich mit meinem Zylinder für eure Vorstellung so viel Geld gesammelt, daß wir uns Eintrittskarten für die besten Plätze kaufen können!" Sie bekommen ein atemberaubendes Programm zu sehen... Auf einmal spielt die Zirkuskapelle einen lauten Tusch. Dann hört man die Stimme des Zirkusdirektors: „Meine sehr verehrten Damen und Herren, liebe Kinder! Der weltberühmte Cowboy-Artist und Kunstreiter Colorado-Jim möchte wissen, wer von euch Kindern den Mut hat, auf seinem Pferd Silberpfeil zu reiten!"

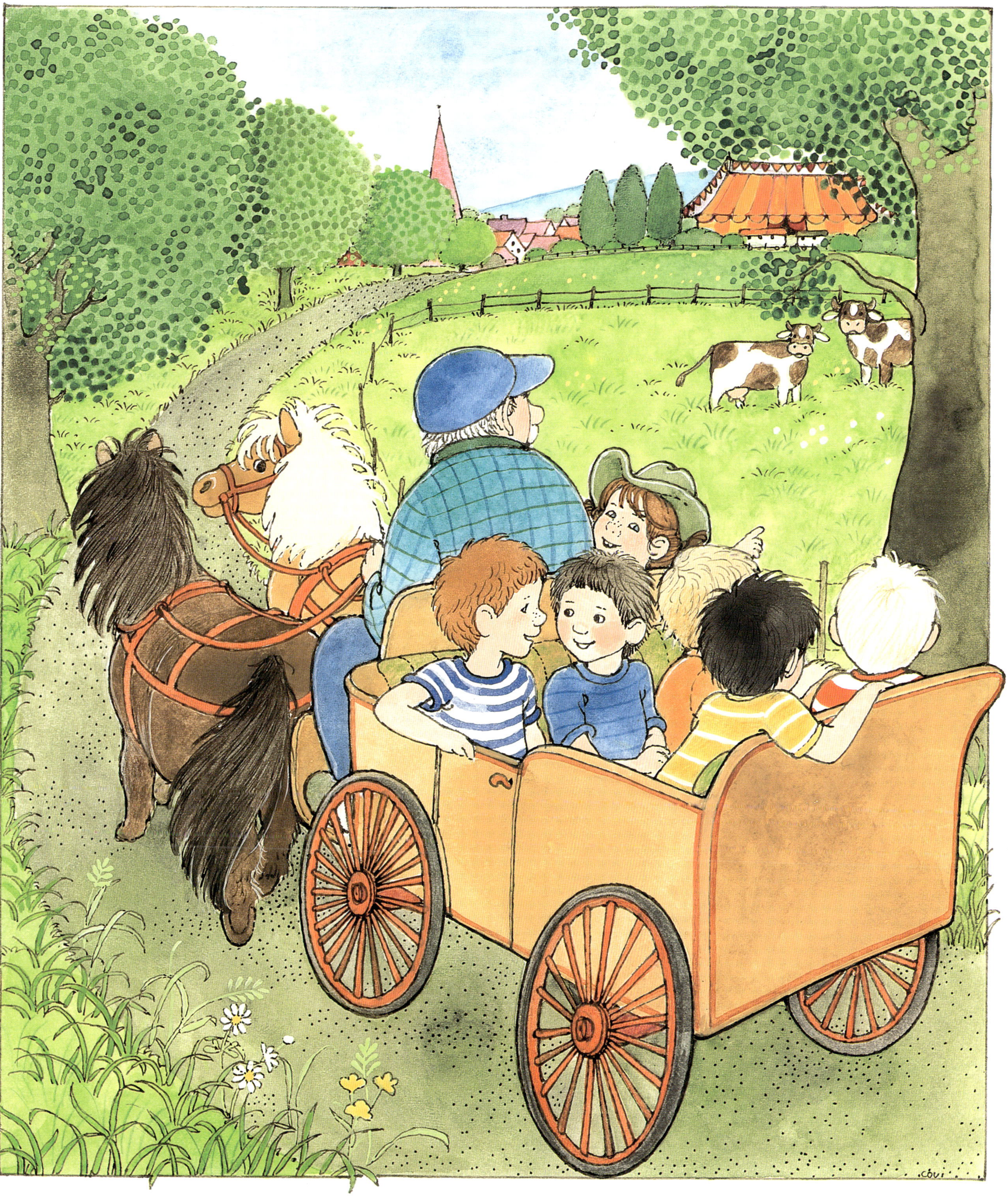

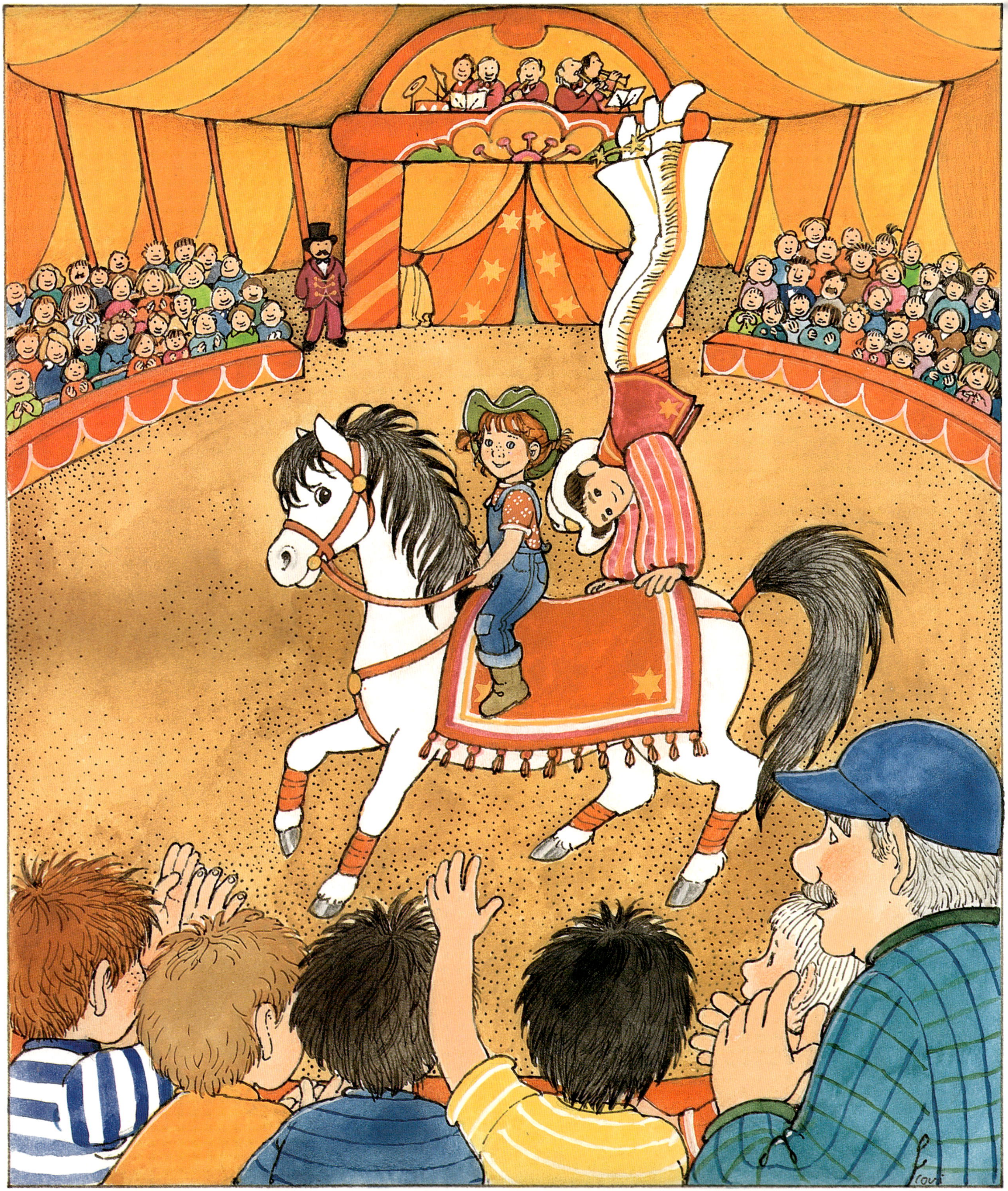

Erwartungsvolle Stille herrscht. Da ruft Uli: „Anna soll reiten!" Sofort greifen seine Freunde den Ruf auf: „Ja, Anna soll reiten!" Annas Herz klopft vor Aufregung. Im Bauch hat sie ein ganz furchtsames Gefühl. Aber sie meldet sich! Und Colorado-Jim hebt sie auf den Rücken von Silberpfeil. Er merkt gleich, daß Anna ein Pferdemädchen ist. Deshalb läßt er sie zunächst ganz allein im Kreis reiten...

Plötzlich nimmt Colorado-Jim Anlauf – und landet mit einem Wahnsinnssprung hinter Anna auf dem Pferd. Stehend läßt er ein Lasso kreisen. Einen Handstand macht er sogar. Schließlich wagt er einen Salto – und landet unbeschadet auf Silberpfeils starkem Rücken...

Das Publikum tobt vor Begeisterung. Den Cowboy finden sie super! Einfach toll! Die kleine Anna aber hat das Herz der Zuschauer gewonnen. Nur diesem vor Glück strahlenden Mädchen gilt der Beifall, und alle rufen: „Anna! Anna! Anna!" Opa Bauer wischt sich heimlich ein paar Freudentränen aus den Augen und murmelt: „Verflixt, sie ist einfach ein prachtvolles Mädchen!"

Anna und ihr Pony gehen auf Wanderschaft

Im Stall von Herrn Obermüller, den alle Nachbarskinder liebevoll Opa Bauer rufen, striegelt Anna ihr Pony Peter. Die beiden haben bereits eine Reihe von Erlebnissen gut überstanden. Die Aussicht allerdings, einen einsamen Sommer ertragen zu müssen, findet Anna ganz furchtbar!
„Peter hat wenigstens noch die anderen Ponys auf der Weide", sagt das Mädchen. „Aber ohne Andreas und meine Freunde wird es total oberstinklangweilig sein! Jawohl! Ober-super-stinksterbens-langweilig!"
Andreas ist Annas älterer Bruder. Früher hatten er und seine Bande das Mädchen nie mitspielen lassen. Die kleine Anna hat den Buben aber bald bewiesen, daß sie ein unternehmungslustiger Spielkamerad ist.
Opa Bauer tröstet das Kind: „Du steckst doch sonst so voller Abenteuerlust und pfiffiger Ideen. Da wird dir sicherlich noch etwas einfallen, damit die Sommerferien nicht so entsetzlich langweilig werden, nicht wahr?"

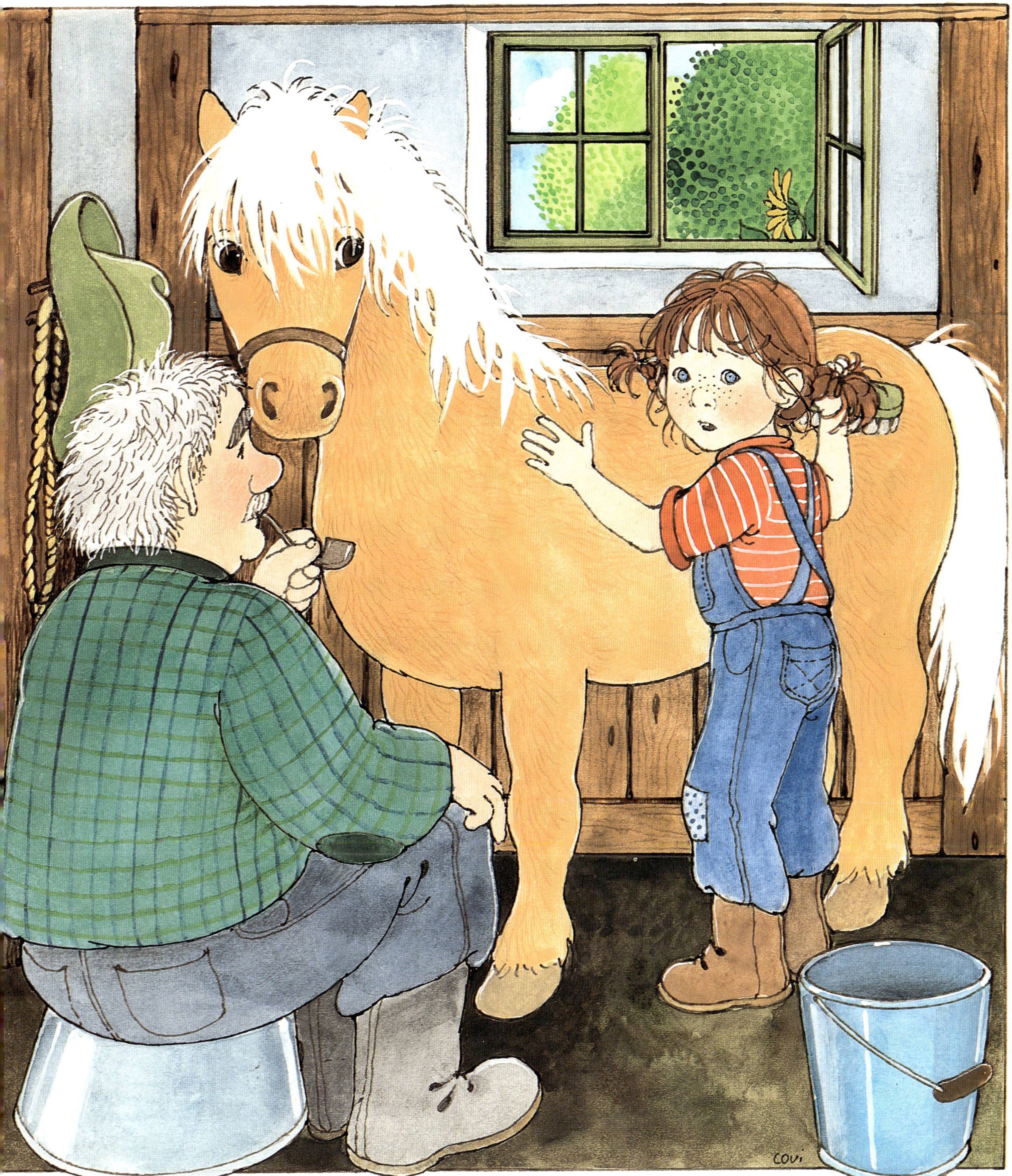

Anna ist so unglücklich, weil Andreas und seine Bande in ein Sommerlager der Pfadfinder dürfen.
„Natürlich ist das wieder mal eine reine Jungensache!" mault Anna. Dabei sind Andreas und seine Freunde davon überzeugt, daß Anna für sämtliche Jungenspiele tauglich ist. Sie mögen auch gar nicht mehr, wenn man zwischen Bubenspielen und Mädchenspielen unterscheidet. Deshalb sagt der dicke Uli: „Ist zwar völliger Quatsch, aber wir können nichts daran ändern. Dieses Zeltlager ist halt nicht für Mädchen zugelassen."
Anna muß sich damit abfinden...
Bald entdeckt sie, daß das Leben auch alleine sehr schön sein kann. Sie stromert mit ihrem Hund Bobo durch die sommerliche Umgebung. Als sie eines Tages am Rande eines Wäldchens entlangtollen, fletscht Bobo mit einem Male die Zähne und knurrt drohend.

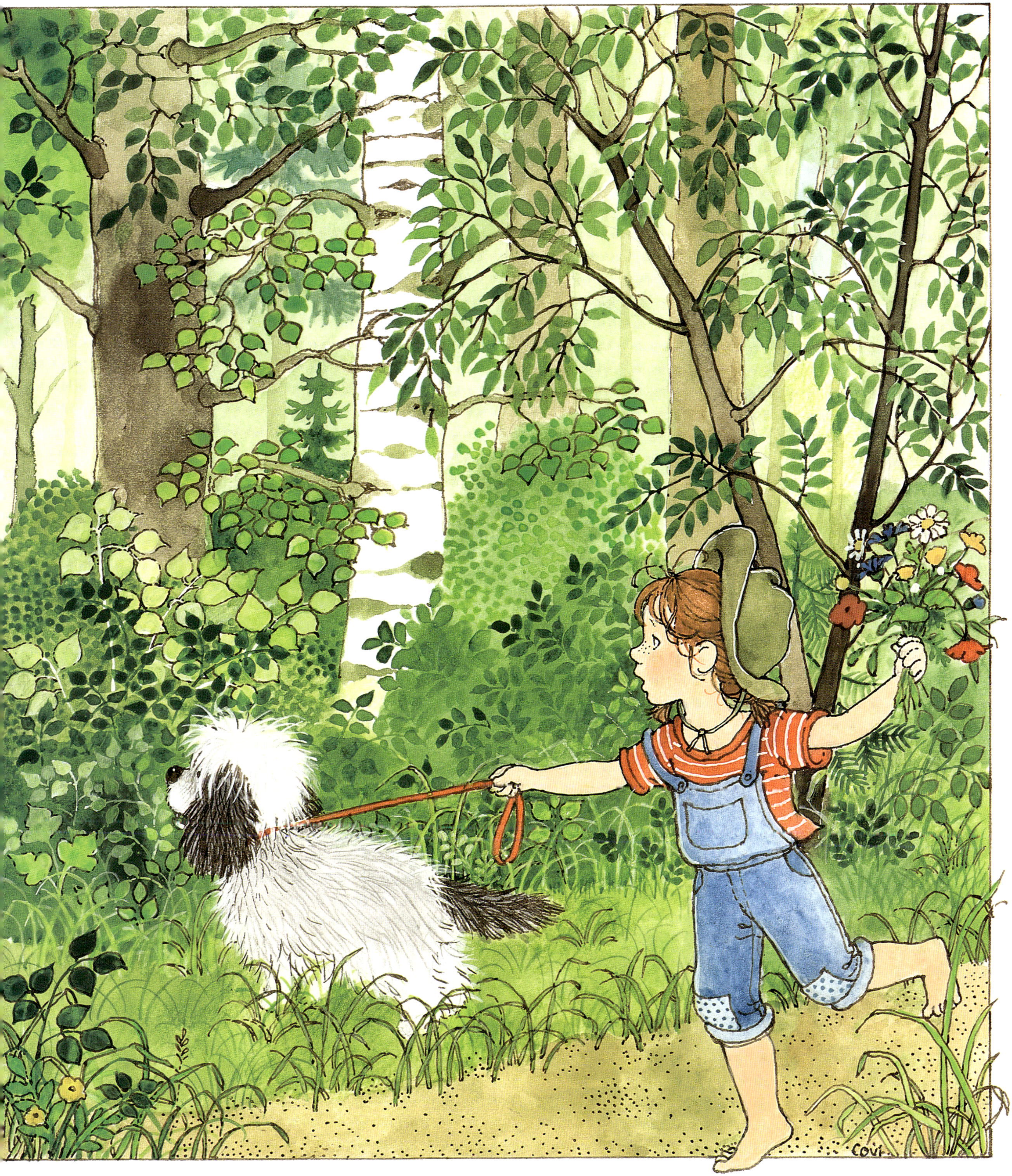
covi

„Was ist denn los?" fragt das Mädchen beunruhigt und überlegt, ob Bobo wohl irgendein Tier im Wald wittert... Als der Hund anfängt, wütend zu bellen, hört man es aus dem Gehölz knacken und bedrohlich brummen.
„Ein Bär!" schreit Anna und will weglaufen.
Was aber aus dem Gebüsch auftaucht, ist eine äußerst wunderliche Gestalt. Bobo weiß nicht, ob er mit dem Schwanz wedeln oder weiterkläffen soll. Auch Anna findet diese sonderbare Mischung aus Weihnachtsmann und Kinderschreck halb zum Lachen und halb zum Fürchten...
„Seid mir gegrüßt, kleines Fräulein!" sagt die Gestalt und beruhigt Bobo: „Keine Angst, du tapferer Kerl, ich tue euch nichts! Ich bin doch kein Bär und auch kein böser Wolf! Auch Schneewittchen bin ich nicht, hihihi, auch kein Zwerg, und schon gar kein Räuber! Darf ich mich vorstellen: Ich bin nur der Hannes! Hannes, der Vagabund..."

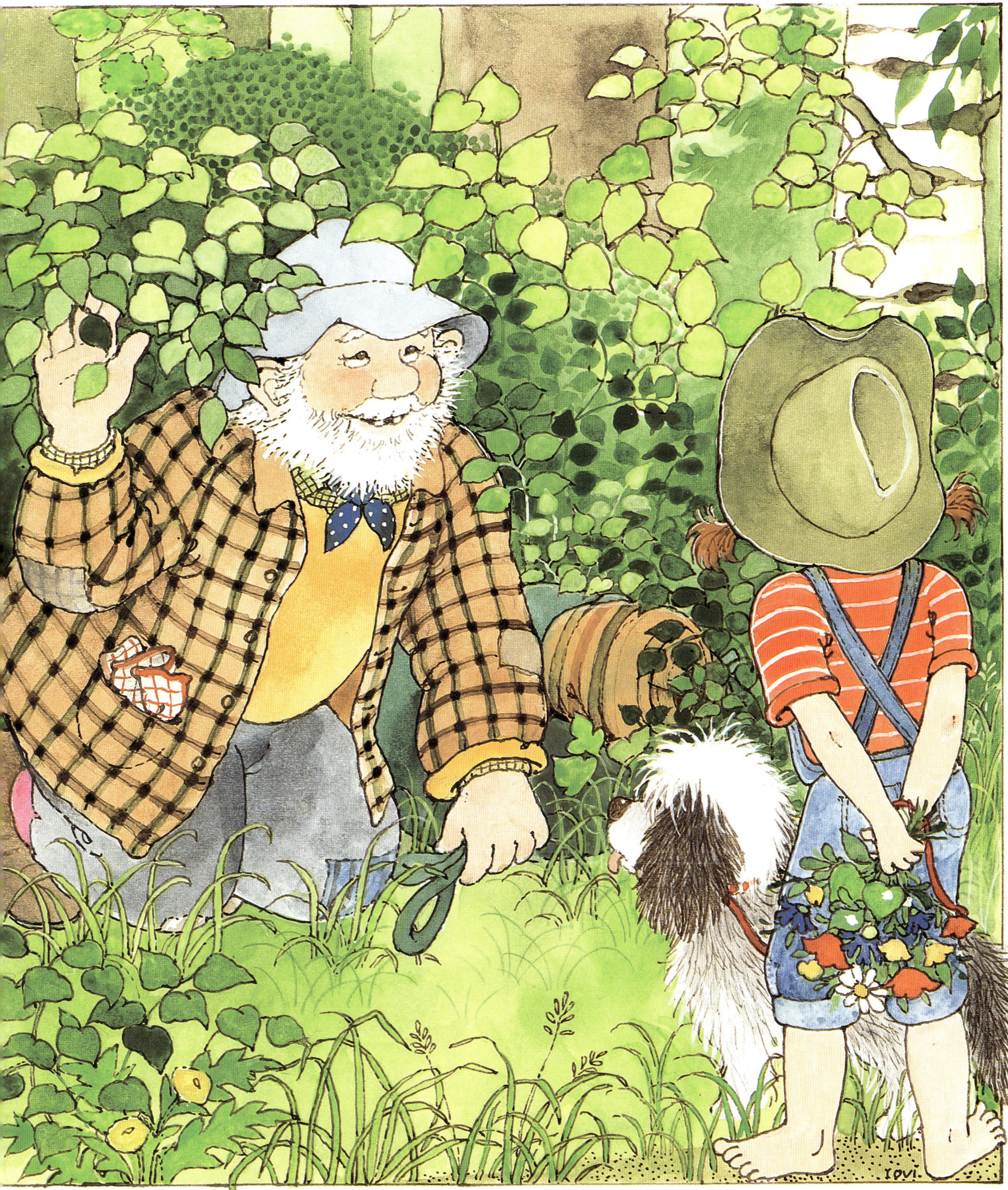

Offenen Mundes bestaunt Anna den freundlichen alten Mann, der sich wirklich als harmloser Wandergesell entpuppt. Hannes erzählt von fernen Städten und Ländern. Begeistert lauscht das Mädchen den Worten des Vagabunden: „Einmal war ich am Hofe des mächtigen Sultans Ibi-Hibi-Ben-Haschmi. Weil ich so gut auf der Mundharmonika spielen kann, wollte der mich unbedingt zum Hofmusikanten machen. Mit purem Gold wollte er mich bezahlen, stell dir vor!"
„Und sind Sie dann Hof-Mundharmonikaspieler geworden?" fragt Anna.
„Nein", antwortet Hannes. „Ich sagte zum Sultan: O großer Ibi-Hibi-Ben-Haschmi, du weiser Wüstenscheich, ich bin Hannes, der Vagabund. Und ein Vagabund muß beharrlich seines Weges ziehen und beweisen, daß die Erde rund ist!"
„Die Erde ist rund?" fragt Anna, und Hannes antwortet: „Rund wie ein Ball. Wenn du immer in eine Richtung wanderst, kommst du irgendwann an dieselbe Stelle zurück. Da gehst du davon, und von dort kehrst du zurück." Dabei fuchtelt der Vagabund energisch mit seinen Armen.
Als Anna heimwärts eilt, weiß sie genau, was sie tun wird und sagt: „Was der alte Hannes kann, kann ich auch. Ich gehe mit meinem Pony auf Wanderschaft!"

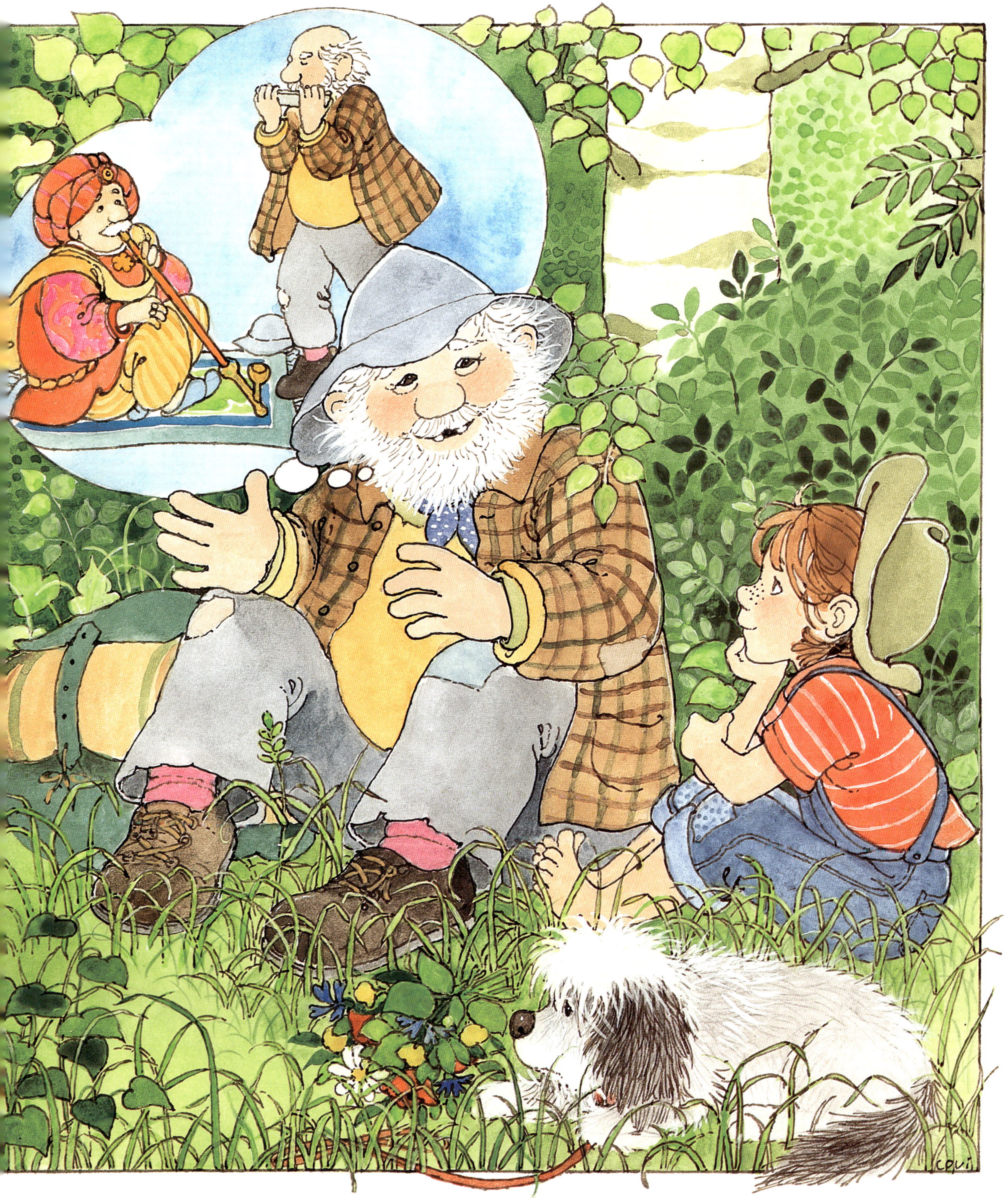

Heimlich bereitet Anna alles vor. Eine Decke und eine Taschenlampe hat sie bereits in ihrem Rucksack verstaut. Bis sie ausreichend Proviant beisammen hat, vergehen noch ein paar Tage. Dann aber hat sie genug Brot vom Frühstück aufgespart. Äpfel liegen im Vorratskeller. Auch eine Dauerwurst findet sie dort. Schließlich kann sie die Verpflegung und eine Campingflasche voll Wasser zur Ausrüstung packen.

Nun heißt es, mit dem schweren Gepäck zu Peter zu schleichen, um dann mit dem Pony und dem Hund aufzubrechen... Der Abschied fällt ihnen nicht leicht. „Mama und Papa werden sich Sorgen machen", denkt das Kind. Die Abenteuerlust siegt aber bald über das schlechte Gewissen.

„Es kann ja nicht lange dauern, um die runde Welt zu ziehen", überlegt sich Anna und spornt ihr Pony an: „Los, Peter! Immer der Nase nach! Dann sind wir in ein paar Tagen wieder zurück..."

Über Wiesen und Felder reitet Anna. Ein wildes, freies Gefühl hat sie gepackt. Auch Bobo spürt es, und er springt ausgelassen voraus. Wie herrlich, einfach so in die Ferne zu ziehen...!

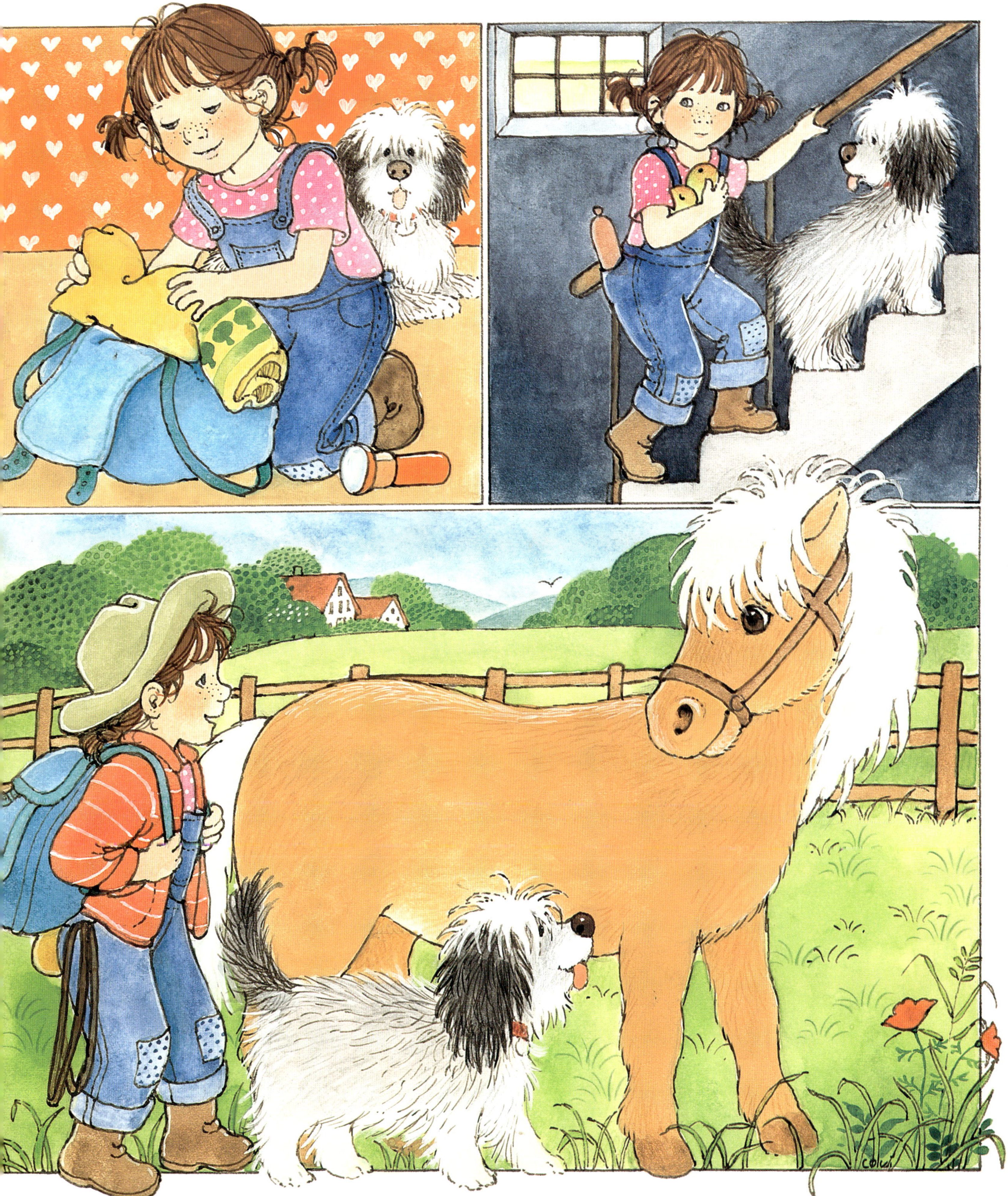

Als Anna nicht zum Mittagessen erscheint, gehen die Eltern zu Herrn Obermüller. Aber auch dort ist das Mädchen nicht. Opa Bauer stellt fest, daß Peter fehlt.
„Bobo ist ebenfalls verschwunden", sagt Papa und überlegt: „Wir kennen ja die Anna. Sie wird ein wenig zu weit geritten sein. Die drei tauchen bestimmt bald auf..."
Die Eltern und Opa Bauer warten und warten... Papa telefoniert mit seinem Büro und sagt Bescheid, daß er heute nicht mehr zur Arbeit kommt. Annas Eltern sind schließlich vor Sorge um ihr Kind völlig aus dem Häuschen.
„Das kommt nur davon, weil Anna immer diese wilden Jungenspiele mitmachen will. Wenn ihr jetzt etwas passiert ist...!" schluchzt Mama.
Annas Vater sagt: „Wieso Jungenspiele? Diesen dummen Einfall hat sie ganz alleine gehabt!"
Es wird später Nachmittag, es wird Abend. Anna samt Pony und Hund bleiben verschwunden.
„Wir müssen es der Polizei melden", sagt die Mutter und weint verzweifelt.

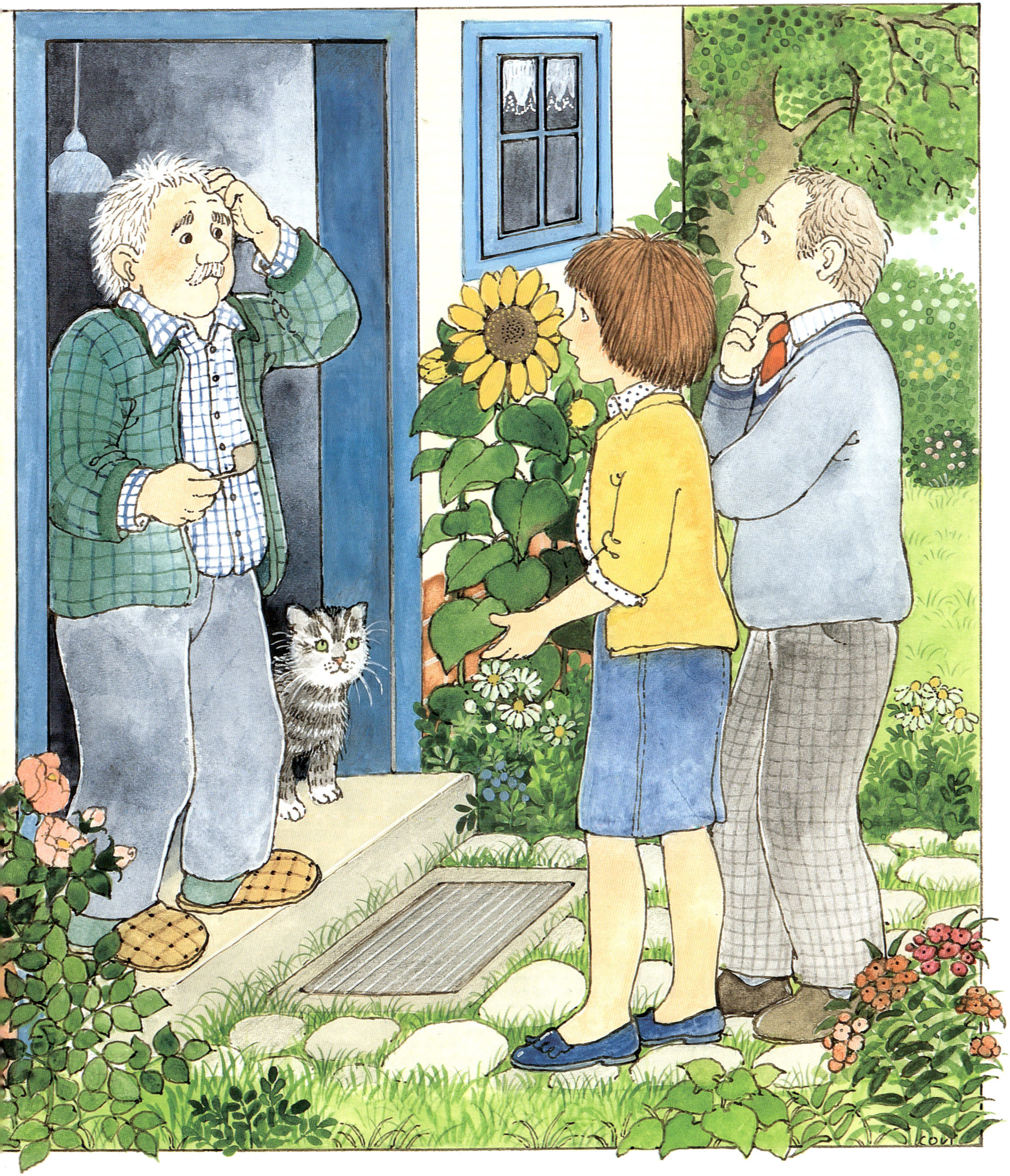

Als es anfängt zu dunkeln, wird es dem wanderlustigen Mädchen doch ein wenig unbehaglich. Das wundervolle Gefühl der Freiheit ist nicht mehr so aufregend. Auch Bobo trottet nur noch müde hinter Anna und dem Pony her. Ab und zu schaut er sich traurig um und winselt leise.
„Wo sollen wir nur übernachten?" grübelt Anna. Da erblickt sie eine Scheune am Rand einer Wiese.
„Natürlich! In Scheunen oder auf Heuböden übernachten die Vagabunden, das hat mir Hannes erzählt", sagt Anna.
Sie läßt Peter auf der Wiese weiden. Danach packt sie ihre Decke und den Proviant aus und richtet sich in dem windschiefen Schuppen ein.
„Ist doch ganz gemütlich", lacht sie und tätschelt Bobo. Der Hund würde jedoch am liebsten zurück nach Hause laufen. Ihm ist ziemlich bange ums kleine Hundeherz...
Anna beißt kräftig in einen Apfel. Das Brot und die leckere Dauerwurst teilt sie mit Bobo. Als es Nacht wird, kuscheln sich die beiden schutzsuchend aneinander. Doch an Schlaf ist nicht zu denken...

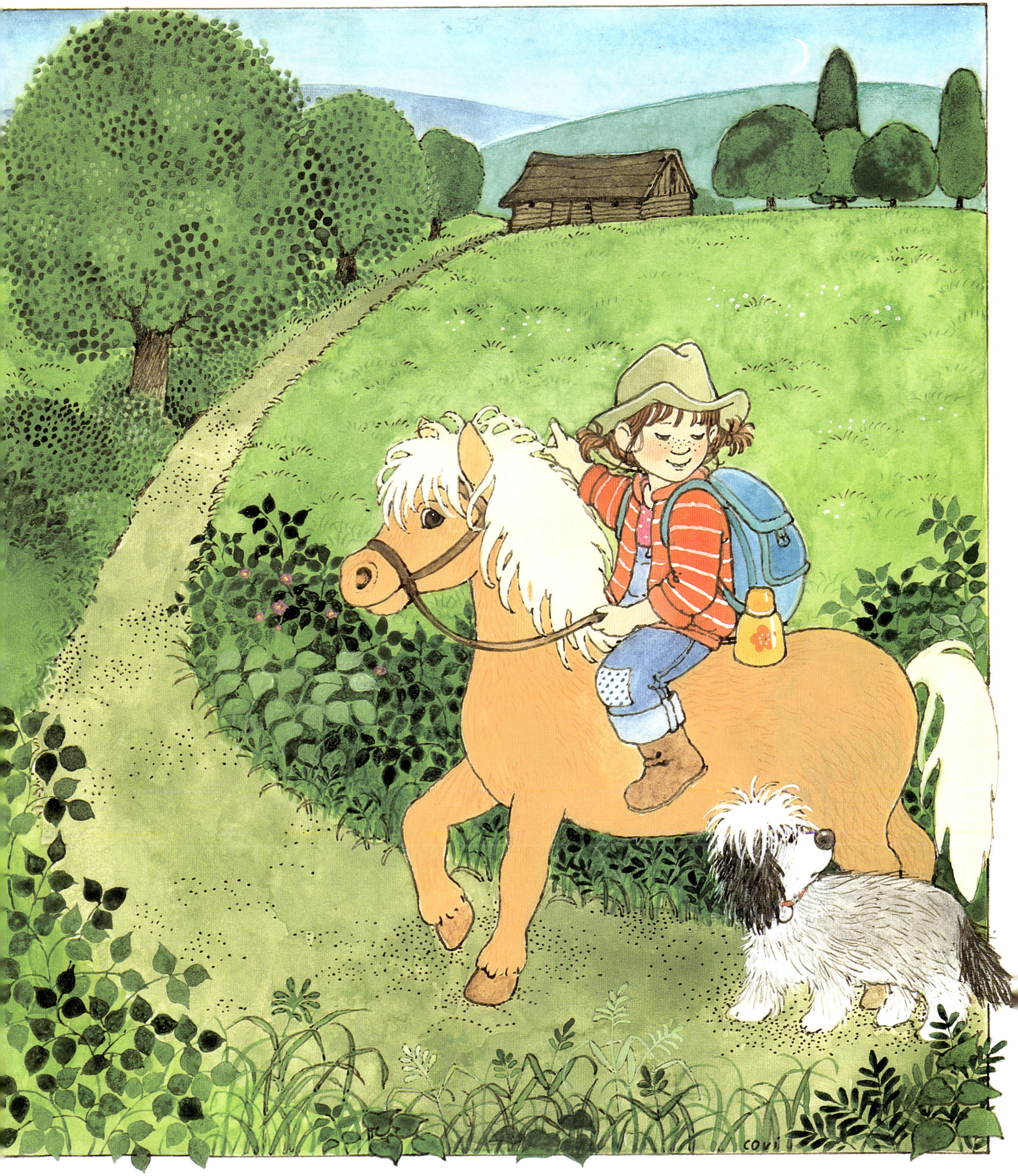

Denn kaum ist es dunkel, zieht ein Gewitter auf. Man hört es grollen und grummeln. Immer näher kommt es. Bald umtosen Donner und Blitz, Regen und Sturm den Schuppen. Draußen wiehert Peter und galoppiert unruhig über die Wiese.
In der windschiefen Scheune kauern sich Anna und Bobo zitternd aneinander. Mit einem Male kracht es fürchterlich. So, als sei ein Blitz in der Nähe eingeschlagen. Anna denkt, die Welt geht unter. Bobo ist jedenfalls davon überzeugt. Außerdem weiß er ganz genau, daß jetzt die grausigen Hundegeister kommen, um ihm den Schwanz abzubeißen. Vor Angst jaulend, prescht er aus dem Schuppen in die von Blitzen erhellte Nacht...
„Bobo! Bobo, bleib hier!" schreit Anna voller Verzweiflung. Aber Bobo rennt um sein Leben...
Irgendwann schläft Anna ein. Als sie aufwacht, ist es unheimlich still. Wo ist Bobo? Da erinnert sich das Mädchen an die vergangene Nacht. Ob Peter noch draußen auf der Wiese weidet? Vorsichtig verläßt Anna den Schuppen und schaut sich um...

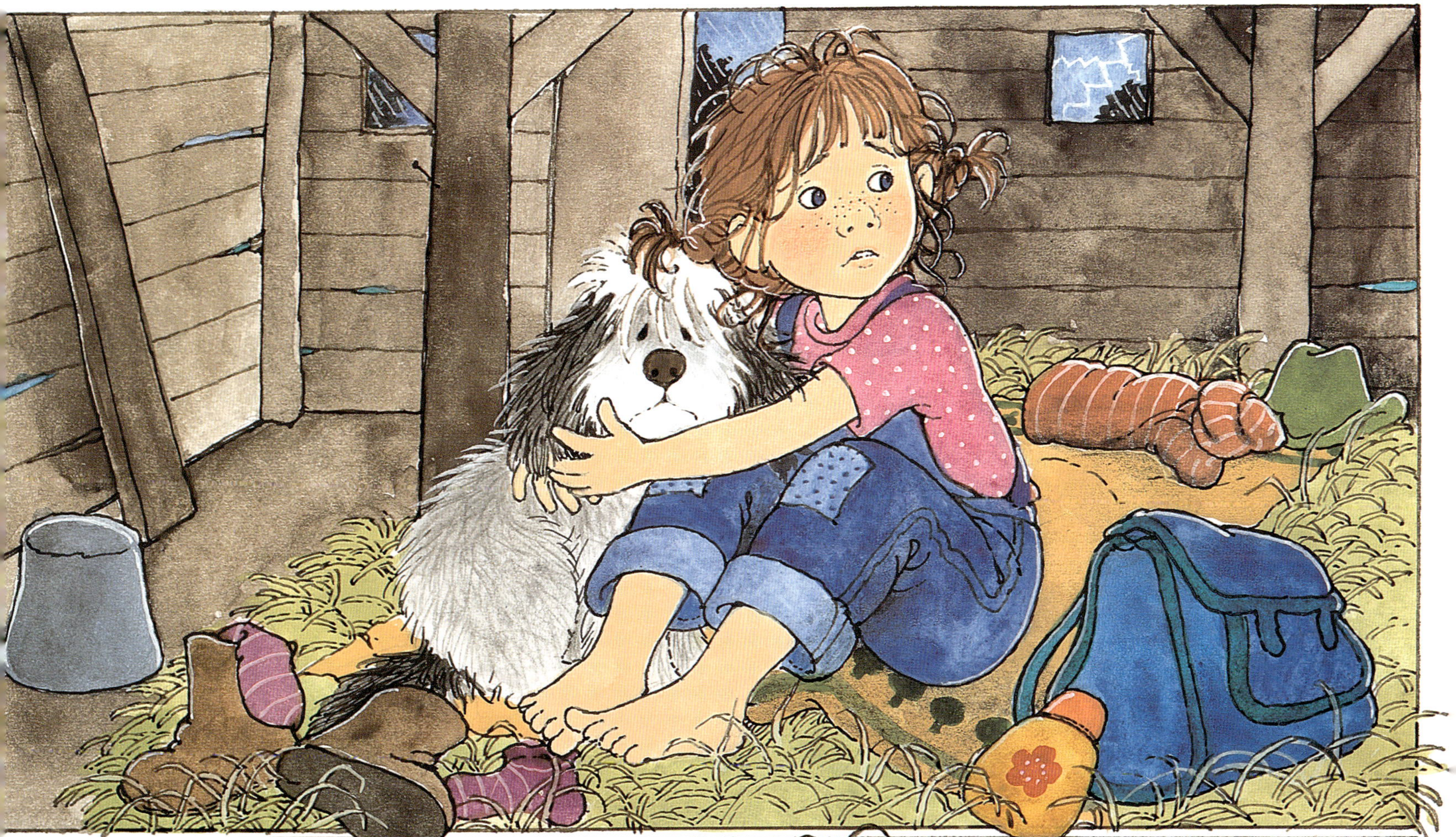
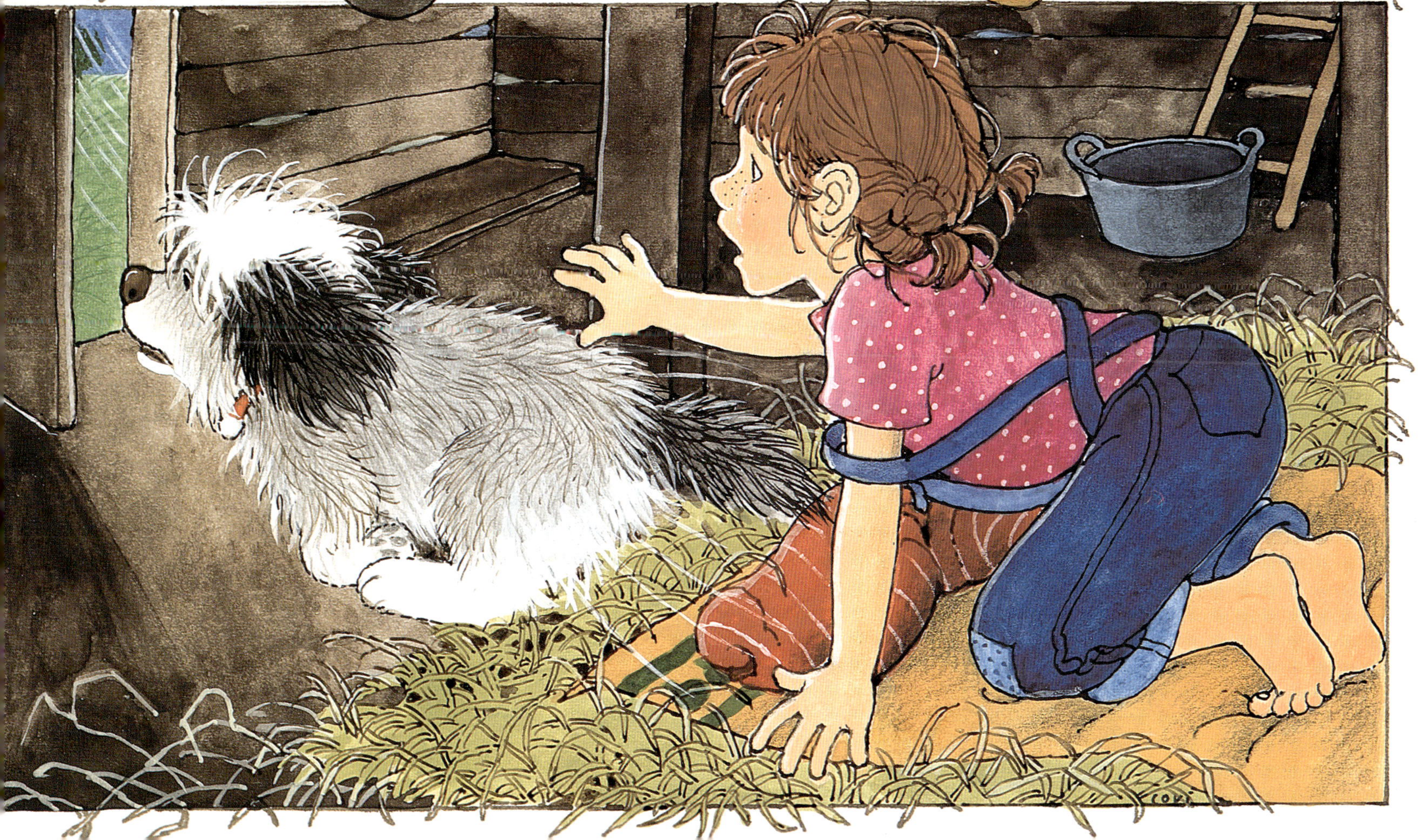

Von Peter ist weit und breit nicht zu sehen…
„Peter!" ruft das Kind und fühlt sich sehr einsam und verlassen.
Als Anna abermals nach ihrem geliebten Pony ruft, kommt das Pferdchen aus dem Schatten eines Gebüschs angetrabt. Liebevoll streichelt Anna das Tier und sagt: „Wie schön, daß du mich nicht im Stich gelassen hast. Bobo, dieser feige Köter, ist nämlich einfach abgehauen!"
Peter schnaubt und spielt nervös mit seinen Ohren.
„Was hast du?" fragt Anna und hört im gleichen Augenblick fernes Rufen und Bellen. Tatsächlich! Wild kläffend folgt Bobo seiner eigenen Spur und führt Mama, Papa und Opa Bauer zu Anna und Peter.
„Da seid ihr ja, ihr beiden Ausreißer!" sagt Papa außer Atem. Mama kann vor Glück gar nichts sagen. Als sich letzten Endes Anna und ihre Eltern in den Armen liegen, sagt Opa Bauer zu Peter: „Na, da staunst du! Solch einen tränenreichen Freudentaumel bekommt man wirklich nicht jeden Tag zu sehen…!"

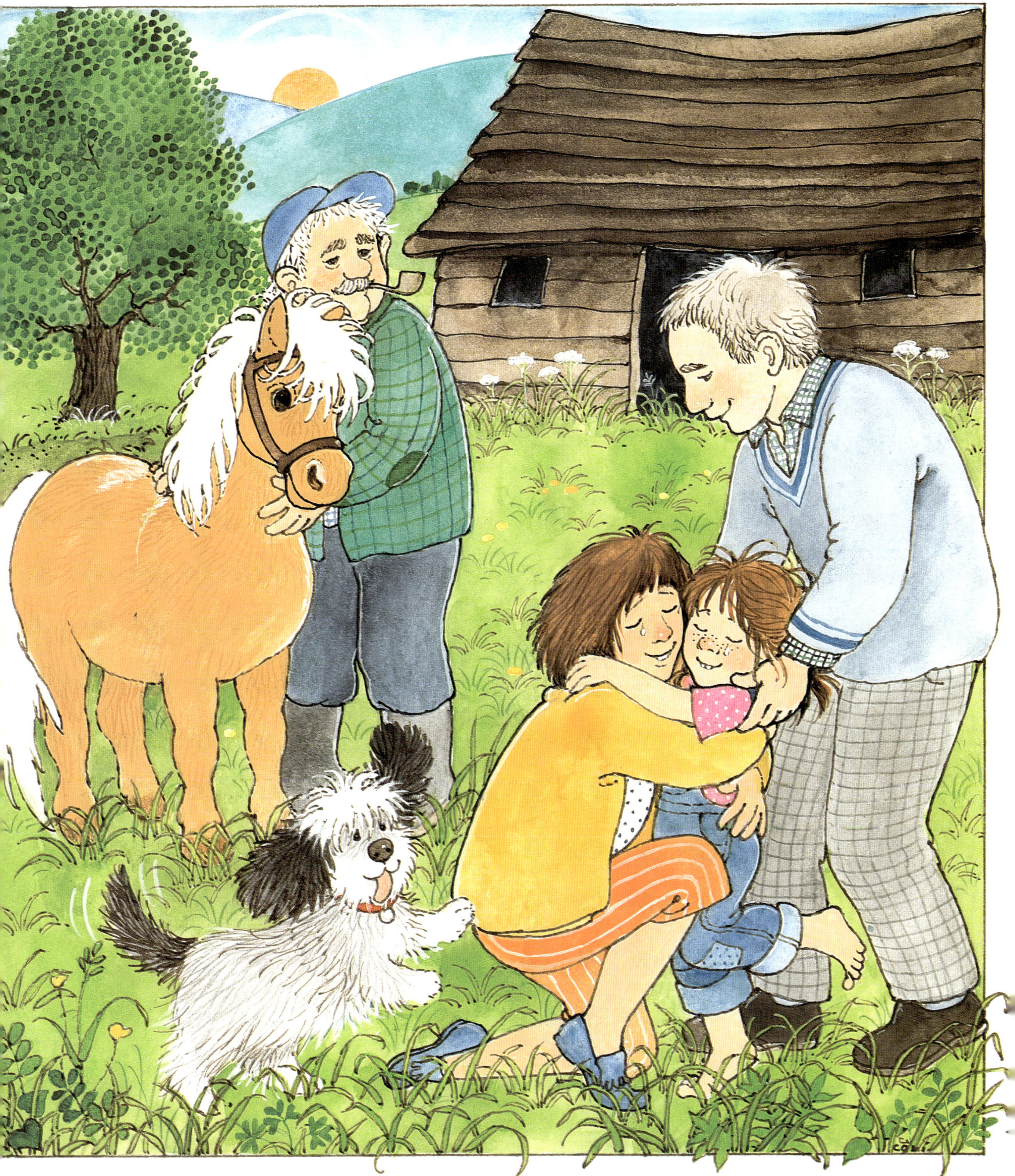

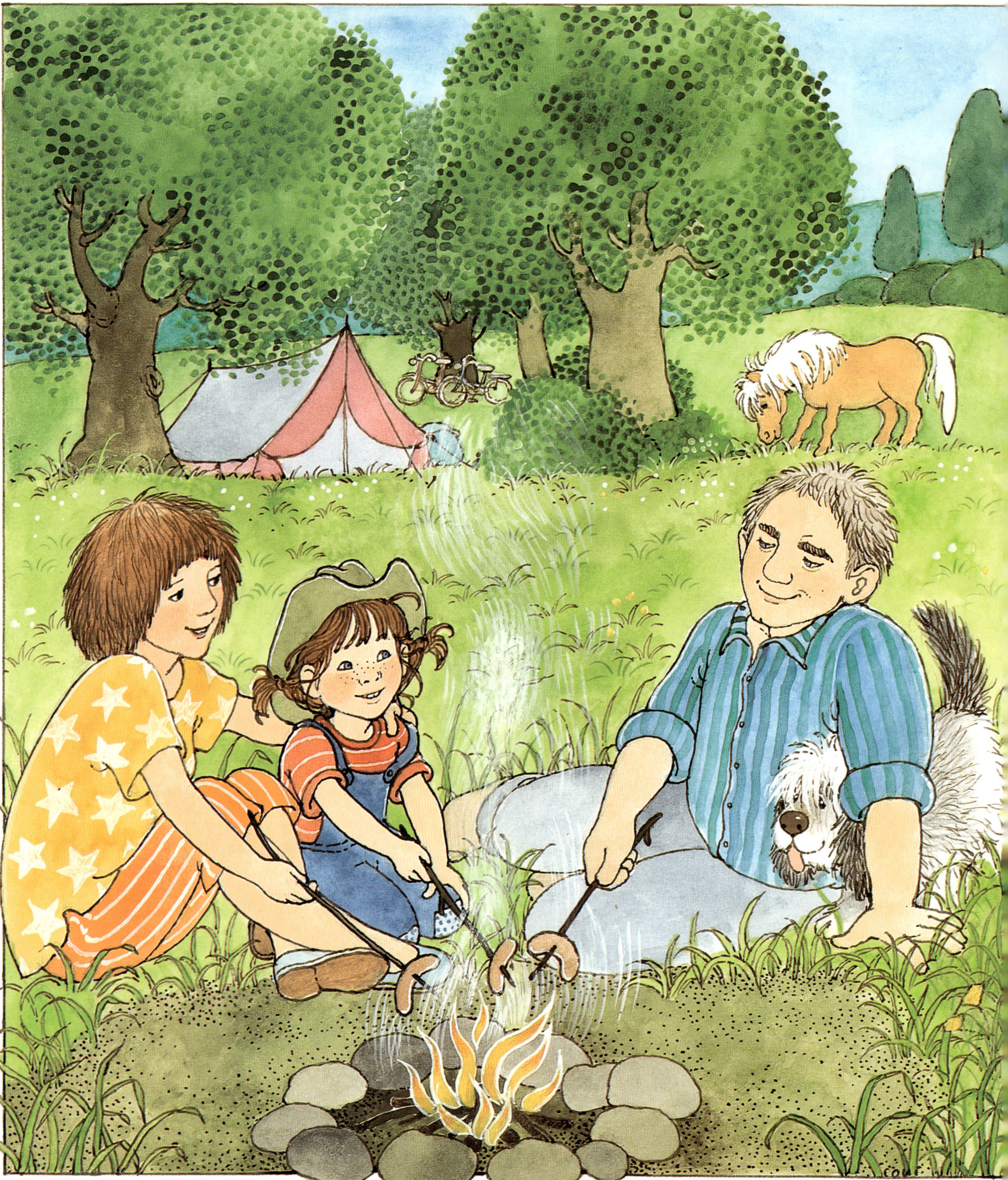

Einige Vorwürfe und Ermahnungen muß sich Anna aber doch anhören. Danach sagt Papa versöhnlich: „Damit du nicht wieder auf allzu abenteuerliche Ideen kommst, haben wir eine Überraschung für dich."
„Was denn?" fragt das Mädchen neugierig.
Mama lüftet das Geheimnis: „Du darfst wieder mit Peter auf Wanderschaft gehen. Diesmal gehen wir jedoch alle zusammen!"
„Juhu! Um die ganze Welt?" schreit Anna aufgeregt.
„Nicht ganz so weit", beschwichtigt Papa.
Bei herrlichem Sommerwetter zieht die Familie los. Peter trägt zusätzlich die Zeltausrüstung und die Schlafsäcke. Papa und Mama führen Rucksäcke mit sich. Schon am Nachmittag suchen sie einen Platz zum Übernachten.
Als sie alle ums Lagerfeuer sitzen, sagt Anna: „Jetzt bin ich doch froh, daß ich nicht mitdurfte mit Andreas und meinen Freunden. Denn unser Lagerplatz ist bestimmt viel wilder und abenteuerlicher als dieses Zeltlager!"
„Bestimmt", sagen Mama und Papa und freuen sich über Annas glückliches Lächeln.

Anna und ihr Pony suchen den Piratenschatz

Anna stromert mit ihrem Pony Peter durch die Sommerlandschaft. Natürlich ist auch Bobo, der wuschelige Kinderhund, mit dabei. In der Nähe des Sees treffen die drei auf Andreas und seine Bande. Andreas ist Annas älterer Bruder, und seine Bande sind Annas beste Spielgefährten. Heute tun die jungen Burschen allerdings sehr geheimnisvoll. Sie grinsen und flüstern miteinander.
„Was ist denn los?" fragt Anna.
„Wieso, was soll denn los sein?" sagt einer der Lausbuben scheinheilig.
„Tut doch nicht so, ihr habt bestimmt eine total verrückte Eselei ausgeheckt!" lacht das Mädchen.
Da fragt Annas Bruder seine Bande: „Sollen wir sie in die Sache einweihen?"
Spontan erwidert der dicke Uli: „Klar, Anna ist doch unser Kumpel!"
„Sicher!" - „Logo!" sagen Annas Freunde und fordern sie auf, sich in ihren Kreis einzureihen. Denn nun würde sie ein großes Geheimnis erfahren...

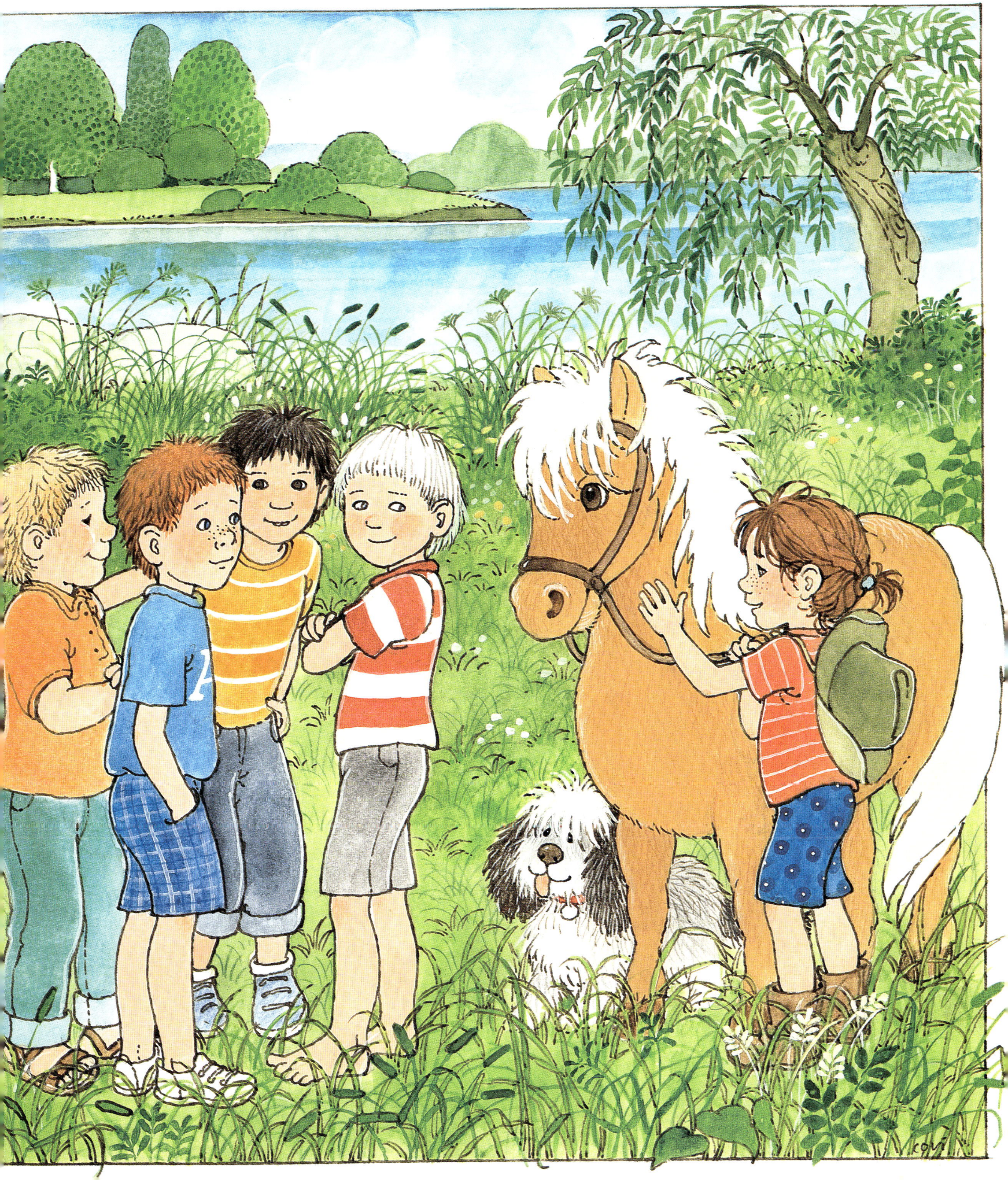

Aufgeregt wurstelt Andreas in seinen Hosentaschen. „Sag bloß, du hast es verloren!" sagt eines der Kinder besorgt. Endlich hat Annas Bruder sein verknotetes Taschentuch gefunden. Gespannt beugen sich alle über das ausgebreitete Tuch. Ein prachtvoller Goldring funkelt in der Sommersonne. „Poooh!" staunt Anna. „Wo habt ihr denn den her?"
Die Jungen erzählen, daß sie den Ring beim Spielen auf der Insel gefunden hätten. Anna will es genauer wissen. Daraufhin berichtet Andreas, daß sich seine Bande auf der Insel eine Hütte gebaut hat. „Und als wir im Laub herumwühlen, um die Hüttenstangen in der Erde zu verankern", erklärt er seiner Schwester, „sehen wir es so komisch glitzern. Da liegt dieser Ring einfach so vor unseren Füßen..."
„Und ihr habt nicht weitergebuddelt?" fragt das Mädchen atemlos.
„Wieso?" fragen die Jungen verständnislos.
„Menschenskinder!" stöhnt Anna. „Was ihr auf der Insel gefunden habt, kann doch nur ein Stückchen von einem sagenhaften Piratenschatz sein!"

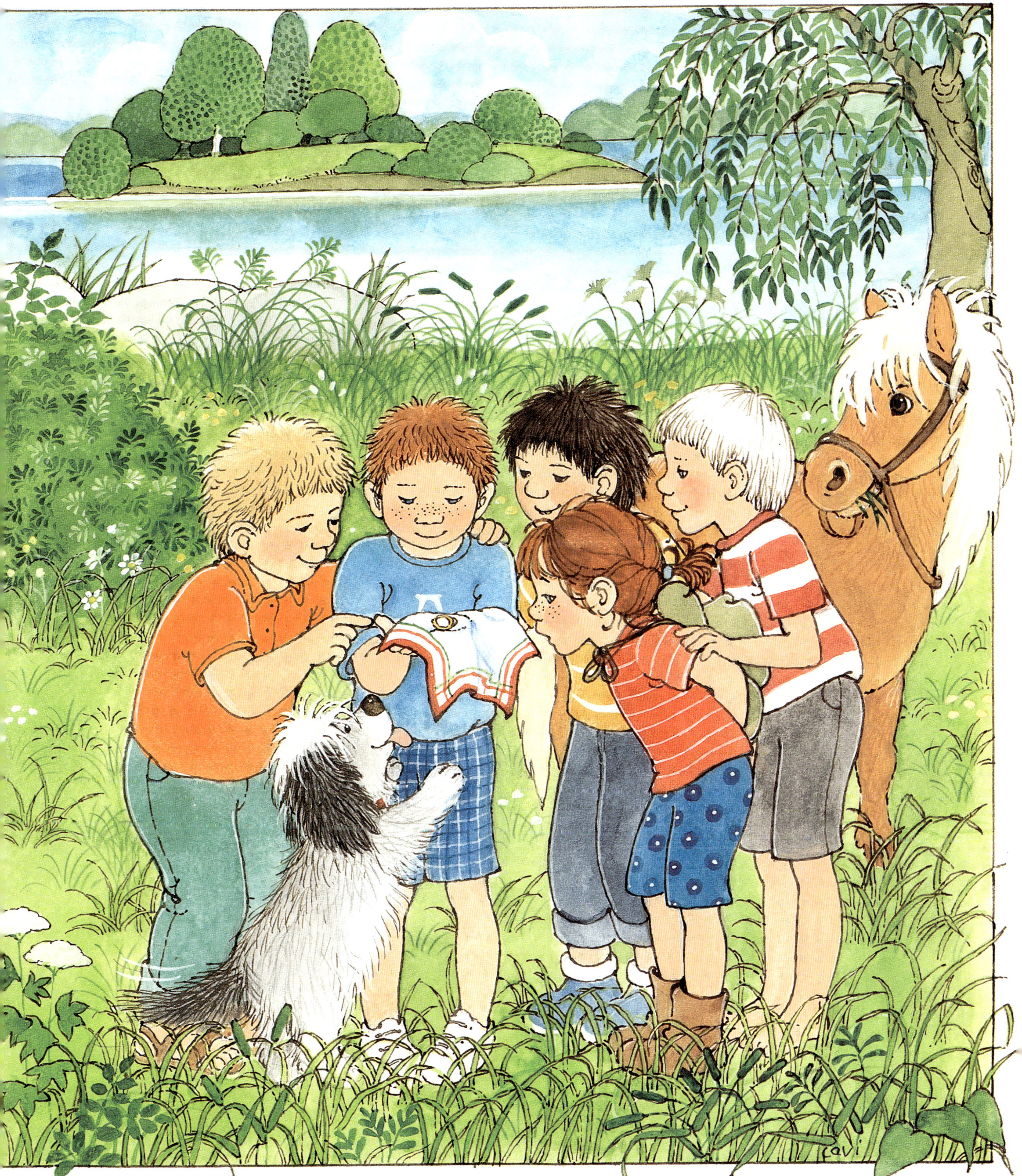

Für Anna gibt es kein Halten mehr. Ihre Begeisterung ist richtig ansteckend. Bald sind alle Kinder davon überzeugt, daß vor langer Zeit Piraten vom Meer bis zu diesem See vorgestoßen sein müssen. „Piraten sind Seeräuber", sagt Anna. „Und ihre Schätze vergraben sie immer auf Inseln...Immer!" Selbstverständlich weiß Anna auch schon ganz genau, wie der Piratenschatz gefunden werden kann: „Als erstes brauchen wir ein Floß. Damit können wir dann auf dem See herumsegeln und Seeräuber spielen. Daß wir so nebenbei nach dem Schatz suchen, fällt dann gar nicht mehr auf..."
„Eine Wahnsinns-Idee!" jubeln die Spielkameraden.
Opa Bauer, ein sehr kinderlieber Nachbar, stiftet Holz, Seile, Nägel und Segeltuch für das Piratenfloß. Mit Pony Peters Hilfe schleppen die Kinder das Baumaterial zum Ufer. Es ist ein tüchtiges Stück Arbeit, das sie sich aufgebürdet haben. Ohne Opa Bauers Beistand wäre das abenteuerliche Fahrzeug nie fertig geworden. Nun aber können die kleinen Seeräuber endlich lossegeln...

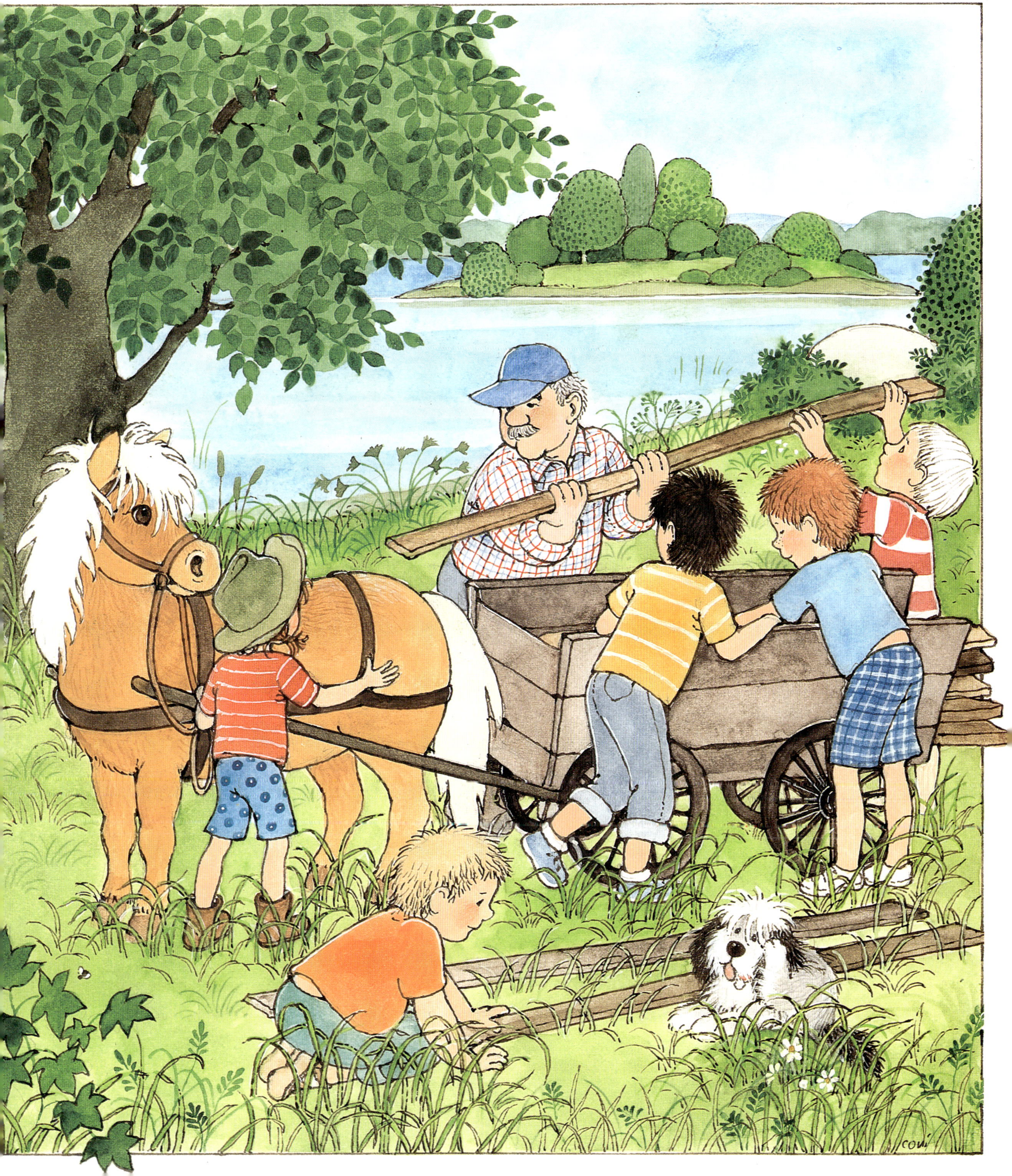

Rasch lernen die Kinder das Floß zu handhaben. Vor dem Wind dahinzusegeln macht den größten Spaß. Anstrengend wird es, wenn das Fahrzeug mit Stangen über den Grund des flachen Gewässers gestoßen werden muß.

Als Piraten verkleidet, toben sich Anna und die Jungen nach Herzenslust aus. Sogar Peter und Bobo sind so ausgelassen wie die wildgewordene Seeräuberbande. Das Floß ist ein wirklich gelungener Sommerferien-Plitschplatsch-Badespaß! Dann aber besinnen sich die kleinen Piraten.

„Wir müssen die Sache mit dem Schatz unbedingt geheimhalten!" sagt Anna. Die Kinder versprechen, das Geheimnis zu wahren. Eine ganze Reihe von Werkzeugen und Hilfsmitteln müssen sie für die Schatzsuche besorgen: Schaufeln, Seile, vor allem aber Lampen. Anna sagt in verschwörerischem Flüsterton: „Wir werden uns morgen nacht heimlich treffen. Seeräuber haben nämlich ihre Schätze immer um Mitternacht bei Vollmond vergraben. Deshalb kann man einen Piratenschatz nur bei Vollmond finden..."

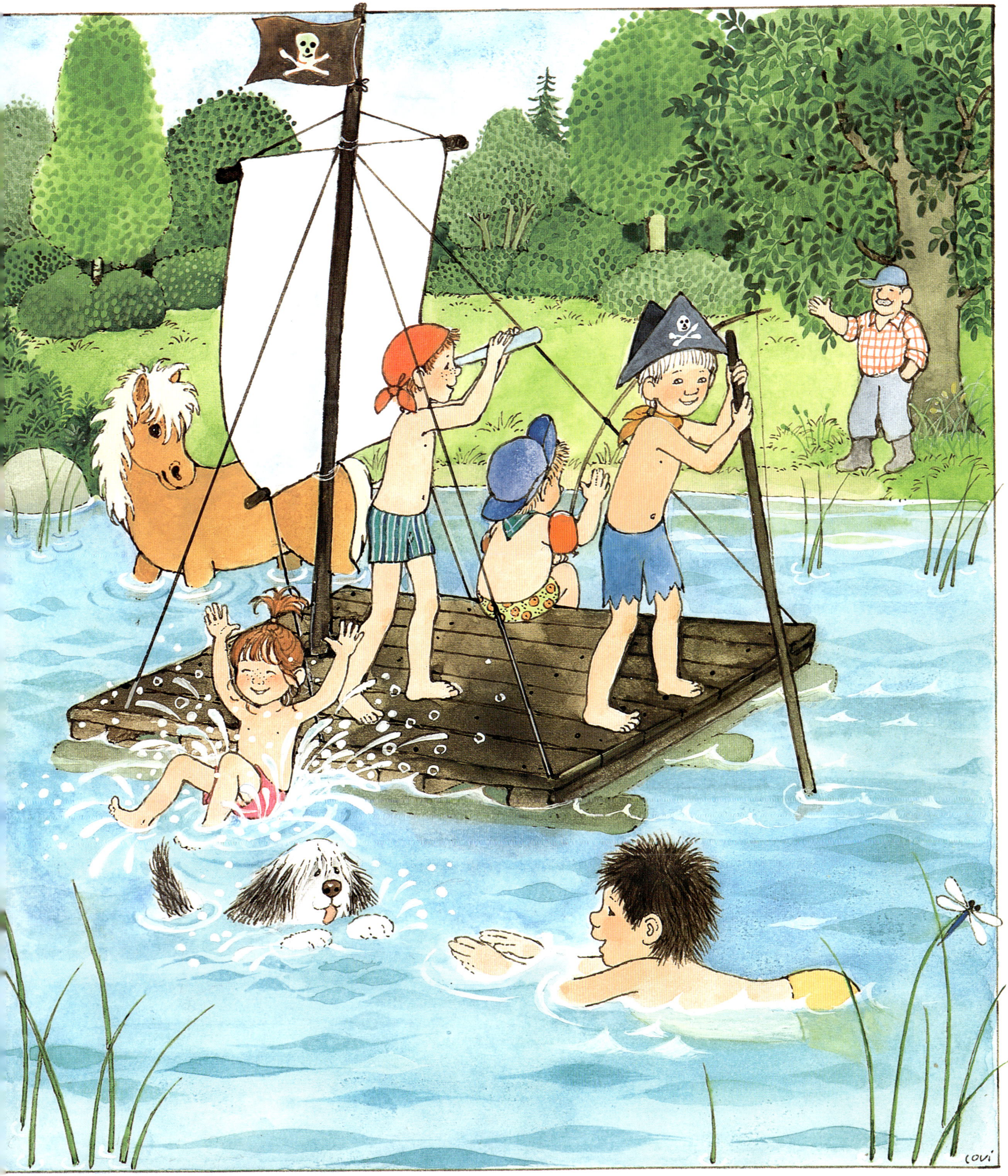
covi

Der Mond scheint so hell, daß die kleinen Schatzsucher mit ihrem Floß mühelos zur nahen Insel finden. Gemeinsam bringen sie die Ausrüstung an Land und zur Hütte. Dann stehen sie ein wenig ängstlich beisammen und lauschen in die Nacht... Unheimlich ist es... Aber es ist auch spannend!

„Wo sollen wir suchen?" flüstert der dicke Uli. Ratlos schauen sich die Kinder um.

„Vielleicht direkt neben der Hütte, wo wir den Ring gefunden haben", schlägt Andreas vor und fängt an zu graben. Bald schaufeln und scharren, buddeln und bohren auch die anderen im Waldboden herum. Nichts ist zu finden - rein gar nichts!

„Wo haben diese verflixten einäugigen Halsabschneider ihre Beute bloß versteckt?" schimpft einer der Burschen. Plötzlich zeigt Anna auf eine Stelle, wo der Mond durch die dicke Astgabel einer uralten Eiche sein hellstes Licht hinwirft.

„Hier muß der Schatz der Freibeuter liegen!" sagt das Mädchen...

Es dauert nicht lange, da stoßen die Schatzgräber auf etwas Hartes. Fieberhaft legen sie die verrostete Oberfläche einer eisernen Kiste frei.

„Hab' ich's nicht gesagt!" jubelt Anna.

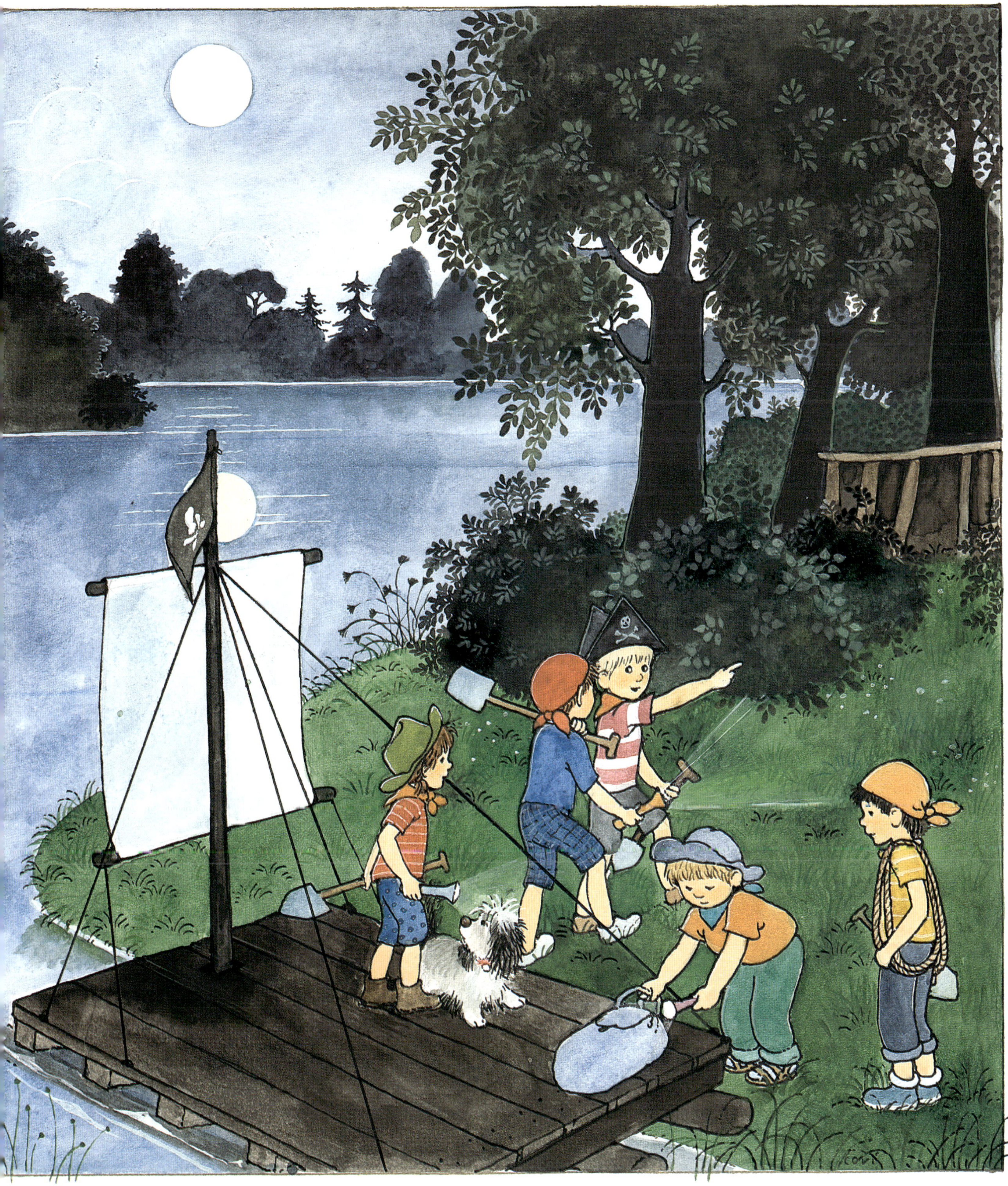

„Das muß eine regelrechte Schatztruhe sein!" staunt Andreas, und ein anderer schreit begeistert: „Eine Eisenkiste voller Gold!"
Sofort rufen alle durcheinander: „Und Edelsteine!" - „Und Silbermünzen!" - „Und Piratensäbel - und Seeräubermesser - und diamantenverzierte Pistolen - und, und, und…"
Die Schatzgräberbande überschlägt sich in den wildesten Vermutungen, bis Anna vorschlägt: „Wie wär's, wenn wir das Ding erst einmal ausgraben?"
Mit goldgierigem Eifer schaufeln die kleinen Glücksritter. Sie wühlen und schwitzen, stöhnen vor Anstrengung und grinsen sich verschwörerisch an. Endlich ist es geschafft! Mit einem kräftigen Hauruck stemmen sie die schwere Metallkiste gemeinsam aus der Grube…
Zunächst sagt keiner ein Wort. Aber dann platzt der dicke Uli vor Wut und Enttäuschung: „So ein hirnverbrannter Bockmist! Einen Ofen haben wir ausgegraben! Einen alten, vergammelten, schrottreifen Dreckskasten von Ofen!"

Anna läßt sich jedoch nicht beirren: „Eigentlich hat das nichts zu bedeuten...Ist halt ein bißchen Pech...Wir müssen nur weitersuchen. Irgendwo ist der Piratenschatz, ganz bestimmt!"
Die jungen Burschen sind nicht mehr zu überzeugen. Nein, von Piraten-Annas Schatzsucherei wollen sie nichts mehr wissen. War ein ganz schön spannendes und aufregendes Spiel. Die Enttäuschung aber ist zu groß...
„Nein", sagt der dicke Uli, „deinen blöden Piratenschatz kannst du dir an den Schlapphut stecken!"
Für Anna gibt es kein langes Überlegen: „Ich werde trotzdem weitermachen", sagt sie. „Mit meinem Pony und Bobo werde ich es auch alleine schaffen und den Schatz finden!"
Unverdrossen setzt Anna am nächsten Tag die Suche fort. Alleine kann sie das Floß nicht zur Insel steuern. Weil aber der See ziemlich flach ist, reitet sie einfach durchs Wasser zur Schatzinsel hinüber. Bobo schwimmt artig hintendrein.
Bald muß aber auch Anna einsehen, daß die Suche nach dem rätselhaften Räuberschatz ein völlig sinnloses Herumstöbern ist. Sie will bereits traurig aufgeben, da sieht sie etwas auf dem Waldboden blinken: Es ist kaum zu glauben, aber was Piraten-Anna aufhebt, ist eine mit Edelsteinen besetzte Brosche.

„Das ist wirklich sehr, sehr merkwürdig...", grübelt das Mädchen, als Bobo mit einem Male aufgeregt nach oben kläfft. „Was ist denn?" fragt Anna ihren Hund und sieht über sich eine große Elster sitzen. Der Vogel schimpft ebenso aufgebracht zurück. Wieder grübelt Anna, während Bobo und die Elster lautstark miteinander zanken...

Dann hat das Mädchen einen ungewöhnlichen Gedanken... Ohne Pony Peter hätte es Anna bestimmt nicht geschafft, den Baum zu erklettern. Von Peters starkem Rücken aus schafft es das Mädchen jedoch, die untersten Äste zu ergreifen. Dann ist es leicht, immer höher in das Astwerk zu klettern...

Papa hatte nämlich einmal erzählt, daß Elstern gerne Glitzerkram stibitzen. Annas Überlegung ist ein Volltreffer: Gar nicht so weit oben im schwankenden Geäst findet sie das Nest des schimpfenden schwarzweißen Vogels.

Es ist voller funkelnder Dinge: Glasscherben, Kaugummipapier, Blechknöpfe und - natürlich - allerlei Schmuckstücke, vom Goldring bis zur perlenbesetzten Krawattennadel.

„Das also ist der Piratenschatz!" lacht das abenteuerlustige Kind. Dann sagt Anna zu dem schimpfenden Glitzerkramräuber: „Sei mir nicht böse, du hübsche diebische Elster. Aber den